ORIGINAL EN COULEUR
NF Z 43-120-8

Couverture inférieure manquante

LE
BLASON DE LALAING

NOTES

Généalogiques & Héraldiques

SUR UNE

ANCIENNE & ILLUSTRE MAISON

PAR

Félix BRASSART,

douaisien.

———

DEUXIÈME PARTIE.

———

PREUVES

DOUAI

L. CRÉPIN, ÉDITEUR

rue de la Madeleine, 23.

PARIS		BRUXELLES
A. CLAUDIN, LIBRAIRE		VANTRIGT, LIBRAIRE
rue Guénégaud, 3.		rue St-Jean, 30.

1889

NOTES POUR SERVIR

A UNE

HISTOIRE GÉNÉALOGIQUE

DE LA

Maison de Lalaing.

Extrait des *Souvenirs de la Flandre wallonne,*
2° série, VIII.

Tiré à 65 exemplaires.

N°_____

LE
BLASON DE LALAING

NOTES

Généalogiques & Héraldiques

SUR UNE

ANCIENNE & ILLUSTRE MAISON

PAR

Félix BRASSART,

douaisien.

DEUXIÈME PARTIE.

PREUVES

DOUAI
L. CRÉPIN, ÉDITEUR
rue de la Madeleine, 23.

PARIS	BRUXELLES
A. CLAUDIN, LIBRAIRE	VANTRIGHT, LIBRAIRE
rue Guénégaud, 3.	rue St-Jean, 30.

1889

SOUVENIRS
DE LA
FLANDRE WALLONNE
CHOIX DE DOCUMENTS INÉDITS
CONCERNANT
LA
SEIGNEURIE DE LALAING[1]
1168-1727.

I.

Gérard de Lalaing, sa femme et ses enfants donnent
à l'abbaye d'Anchin, avec l'autorisation du comte
de Hainaut, le sol à travers lequel on amènera à
Anchin l'eau du ruisseau dit le « Bais » et même
de l'eau de la rivière appelée « Scarp », si celle-ci
est nécessaire à l'abbaye. — (Vers 1168.)

In nomine patris et filii et spiritus sancti. Ego
BALDUINUS, Dei gratia, comes Hainœnsis, notum fieri
volo omnibus tam futuris quam præsentibus, quod
ego et filius meus *Balduinus* concesserimus Aqui-

---

(1) Le numérotage des documents correspond à celui des Preuves indiquées dans le « Le Blason de Lalaing »; voir p. 111 du
t. XVII et p. 3 du t. XVIII de la 1re série de ce recueil.

cinctensi æcclesiæ elemosinam quam contulit GERAR-
DUS *de Lalen* et uxor ejus et ipsorum liberi : terram
scilicet per quam aqua, tam de Scarpo fluuio, si ne-
cessaria fuerit, quam illam quæ Bais dicitur, ad usus
necessarios est Aquicinctum deducenda. Quia enim
idem GERARDUS et tam uxor ejus quam liberi donationem suam adeo voluerunt esse liberam, ut nichil
sibi juris in aquæ illius decursu retinuerint, adeoque
stabilem, ut a nemine valeat in perpetuum infirmari,
non solum consensum meum et filii mei super hoc
quesierunt, sed etiam ad rei firmamentum super hoc
nos obsides fecerunt. Ego itaque, quia elemosinam
hanc suscepi tuendam, sigilli mei munimento eam
suprascriptæ æcclesiæ confirmaui et baronum meorum qui interfuerunt nominibus insigniri feci.

S. mei *Balduini* comitis. S. *Balduini*, filii mei.
S. *Balduini de Tœni*. S. *Karoli de Frasne*. S. *Adam*
dapiferi (1). S. *Roberti de Aisenuilla*. S. *Fulconis de
Semeries*. S. *Egidii de Alnoith*. S. *Symonis de Alnoth*.
S. *Roberti de Trit*. S. *Almanni de Prout*. S. *Johannis
de Rocha*.

Archives départementales du Nord, à Lille, original
en parchemin scellé, dans le fonds de l'abbaye
d'Anchin. Au dos, cette mention: «*Comitis Hai-
nonsis, de aqua de Lalen*.»

A l'occasion d'un procès de l'an 1460 entre la ville
de Douai et le seigneur de Lalaing, ce dernier rap-
pelle, pour soutenir ses droits sur la Scarpe, que le

(1) Sénéchal d'Ostrevant, seigneur d'Hordaing.

grand fossé qui « s'aboucque à » cette rivière, « au-
dessus de » la « Planche Tournice, du lez vers »
Douai, « que on dist le Buissart » et qui « dure
jusques à l'eglise d'Anchin », en passant par Lalaing,
fut donné à l'abbaye par ses prédécesseurs, avec l'approbation de « feu de bonne memoire le conte Bauduin de Haynnau »; ce fossé ayant « de grant ancien-
neté » porté « navire et fait encoires, jusques audit
lieu d'Anchin ». — Archives municipales de Douai,
ancienne layette 90. — Le seigneur de Lalaing se
garde bien de rappeler la charte suivante, émanée
du comte de Flandre et qui aurait réduit à néant son
argumentation.

II.

Gérard de Forest, sa femme et ses fils donnent à
l'abbaye d'Anchin, avec l'autorisation du comte
de Flandre, un cours d'eau qui naît dans la terre
de ce comte. — Lille, en l'hôtel du châtelain,
1168.

Ego Ph. Flandr. et Virom. comes, notum esse
volo tam futuris quam presentibus, quod GERAR-
DUS de Foresta et uxor ejus, cum filiis suis, ecclesiæ Aquicinensi Sancti Saluatoris, in presentia mea
et hominum meorum, in elemosinam dederunt aquam
quandam cujus ortus in terra mea est et super hoc
me fidejussorem constituerunt, quod si aliquis pro
aqua illa ecclesiæ prefatæ molestiam inferrent, ego
de eo justiciam tenerem. Hanc donationem ego con-

cedo et me inde obsidem constituo. Ecclesiæ dans
licentiam quod quocumque ducere voluerit aquam
illam rationabiliter, inter Aquicinium et Raissam (1)
libere faciat. Quod ut ratum et indiuulsum permaneat et temporum successione non inutetur, scripto
commendare et sigilli mei auctoritate corroborare
curaui.

Presentibus istis : S. *Roberti*, prepositi Sancti Au-
domari. S. *Roberti*, aduocati Betun.. S. *Hellini* dapiferi. S. *Rogeri e Landast.* S. *Gerardi de Landast.*
S. *Ernulfi de curt.*. S. *Galteri Gonelle.* S. *Alardi*
prepositi. S. *Roberti de Gandecort* et aliorum pluri-
morum.

Actum hoc anno Domini m⁰ c⁰ lx⁰ viij⁰, Insulis,
in domo castellani.

Archives départ. Orig. en parch. scellé, dans le fonds
d'Anchin. Au dos: «*Comitis Flandrie, de aqua
de Lalen.* »

III.

*Gérard de Lalaing et Adhelide, sa femme, renouvel-
lent, devant l'évêque d'Arras, le don d'un cours
d'eau au profit de l'abbaye d'Anchin, lequel don
avait été autorisé par les comtes de Flandre et de
Hainaut. Cette libéralité avait déjà été reconnue
devant l'archidiacre Froumaut, à Anchin, par lesdits époux et leurs fils Simon, Ansel, Étienne,
Nicolas et Gérard. — (Arras?) 1170.*

(1) Bache, village près de Douai.

In nomine sancte et individue Trinitatis. Amen.

Ego ANDREAS, Dei gratia Atrebatensium episcopus, omnibus Xpi fidelibus in Domino salutem.
Pastoralis officii astringuntur sollicitudine ecclesiarum quibus, Deo auctore, præsidemus utilitati prospi-
cere, ne fidelium elemosinæ legitime eis attributæ,
aliqua peruersorum hominum subripiente astutia,
valeant deperire. Omnium igitur fidelium tam futu-
rorum quam præsentium agnoscat dilectio, quod
GERARDUS *de Lalein.* in præsentia mea recognouit
se et uxorem suam et filios ecclesiæ Aquicinensi
aquam de Scarpo et de Bais, in fossatum ecclesiæ
Aquicinensis venientem, aquam quoque aliunde
nascentem, videlicet in terra sua de Lalein, hinc inde
congregatam et per molendinum suum transeuntem,
fossatum quoque quo a Scarpo usque ad ecclesiam
aqua ducitur, cum exclusis utriusque ripæ et piscibus
ejusdem aquæ, coram domino *Frumaldo* archidiacono et idoneis testibus, libere concessisse et per manus utriusque comitis Flandrensis videlicet et Hei-
nauensis, in elemosinam dedisse, ita videlicet ut
nulli, exceptis ministris ecclesiæ, liceat pisces in præ-
dicto fossato capere vel retinacula piscibus capiendis
tendere. Preterea ad prosperam consummationem
operis et totius pacis plenitudinem, concessit idem
GERARDUS quod si aliquo tempore, vel ab ipso
vel ab aliquo heredum ejus, situm molendini sui
mutari et de loco ad locum transponi contigerit,
aqua nichilominus, per molendinum transiens, æcclesiæ erit, statim ut molendinum transierit. Nec
aliquo molunine a fossato æcclesiæ abduci, nec aliquo
jure auerti poterit ab usibus ecclesiæ necessariis. De:

cretum est etiam quod idem GERARDUS exclusas molendini sui et ipsum molendinum, si refectione eguerint, propriis sumptibus, absque aliquibus æcclesiæ expensis, refici faciet. Pro quibus reficiendis et pro sopiendis omnibus querelis quæcumque a clericis vel a laicis, vel de fossione fossati, vel de nimia aquarum inquietatione, vel de damno aliquo per fossatum vel per aquam fossati, siue in terra arabili, siue in prato, siue in nemore facto aduersus æcclesiam emergi poterunt, GERARDUS quadraginta marcas et duodecim libras ab æcclesia accepit, ita videlicet ut, si aliquis pro predictis querelam mouerit, GERARDUS vel heres ejus, juxta arbitrium legitimorum virorum, cum calumniatore se componet. Additum est etiam quod æcclesiæ fossatum suum versus Raissa ad deducendam aquam de Scarpo, quantumcumque volet, licebit extendere. Concessit etiam GERARDUS in elemosinam æcclesiæ, ut si aqua fossati siluam suam, siluæ æcclesiæ contiguam, in aliquo pejorauerit, in vita sua nullam super hoc querelam aduersus æcclesiam mouebit. Ipso vero mortuo, si heres ejus super aliquo præfatæ siluæ suæ damno conquestus fuerit, æcclesia vel damnum secundum veritatem ei restituet, vel partem nemoris sui tantumdem valentem, inter Montengi et Lalein, ubicumque abatti placuerit, ei in concambium dabit et deinceps nemus illud GERARDI æcclesia libere possidebit.

Ad omnem quoque disceptationis scrupulum removenduum, constitutum est ut, propter mensuram legitimam aquæ quandoque excrescentis firmiter con-

seruandam, duo stipites ferro circumligati terræ in-
figantur, unus ante pontem GERARDI *de Lalein* et
alter Aquicincti juxta pontem molendino contiguum.
Quamdiu igitur aqua summitatem prædictorum stipitum non excreuerit, GERARDO vel hæredi ejus con-
queri non licebit. Si vero summitatem stipitum
superauerit, extenuanda est aqua, donec ad eandem
summitatem reducatur. Ceterum si stipes, apud
Lalein positus, alicujus malicia moueatur superius
vel inferius, ita ut stipitem ecclesiæ non sequatur,
ecclesia nichilominus veritatem stipitis sui semper
retinens, pactionem prædictam inuiolabiliter conser-
uabit.

Has igitur præscriptas pactiones GERARDUS et *Adhelidis*, uxor ejus et filii eorum SYMON, ANSELLUS,
STEPHANUS, NICOLAUS, GERARDUS et cæteri, prius
apud Aquicinctum, in præsentia domini *Frumaldi*
archidiaconi et idoneorum testium, se per omnia ob-
seruaturos promiserunt. Hanc conditionem ex propria voluntate interponentes, ut si ab his pactionibus
in aliquo declinauerunt et legitime citati ecclesiæ
satisfacere contempserunt, excommunicationi sub-
jaceant.

Post hæc, sepedictus GERARDUS præsentiam nostram adiit et omnia quæ superius seriatim expressa
sunt, coram ascriptis testibus vera esse recognouit
et ut concessiones suas ecclesiæ confirmaremus humiliter rogauit. Nos autem tam præfatam elemosinam
quam omnes pacis compositiones superius annotatas
ecclesiæ Aquicinensi jure perpetuo possidendas epis-
copali auctoritate contradimus et præsenti scripto

corroboramus et tam sigilli nostri impressione quam subtersignatorum astipulatione ratas esse debere decernimus. Quicumque ergo præsentis scripti tenorem infirmare vel contraire ausu temerario presumpserint, eos a filiis æcclesiæ segregari et vinculo excommunicationis, donec resipuerint et æcclesiæ digne satisfecerint, innodari præcipimus.

Huic cognitioni, quam fecerunt prædictus GERARDUS et *Adhelidis*, uxor ejus, interfuerunt subscripti testes.

S. *Frumaldi* archidiaconi. S. *Rogeri* præpositi. S. *Nicolai* decani. S. *Anselli* cantoris. S. magistri *Gisleni*. S. *Johannis*, cantoris Duacensis. S. magistri *Roberti* et *Anastasii*, presbiterorum. S. *Widonis* et magistri *Hugonis*, diaconorum. S. *Widonis*, *Martini* et *Sigeri*, subdiaconorum. S. *Fulconis*, Remensis canonici æcclesiæ beati Dionisii. S. magistri *Radulfi* Ariensis. S. *Alberti* capellani.

Actum est hoc anno incarnati Verbi·mᵉ cᵒ lxxᵉ.

Præscriptam pactionem GERARDUS et *Adhelidis*, uxor ejus, cognouerunt coram nobis se concessisse Aquicincti, coram *Frumaldo* archidiacono, magistro *Roberto de Albengi* et magistro *Hugone* et *Milone*, decano de Schercin et *Durando*, decano Duacensi et multis aliis, antequam ad nostram venirent præsentiam.

Archives départ. Orig. en parchemin, dans le fonds d'Anchin, avec le sceau de l'évêque pendant et la moitié du mot *Cyrographvm*. Au dos: « *De aqua de Laleïn.* »

IV.

Simon I de Lalaing, du consentement de sa femme et de ses fils, cède en échange à l'abbaye d'Anchin un bois et un chemin situés entre Lalaing et Anchin. L'abbaye lui rend de la terre, mesure pour mesure et consent à ce que le chemin passant par son écluse, depuis Lalaing jusqu'au pont contre la maison des Ventelles, soit ouvert aux piétons et aux cavaliers seulement. — Le comte de Hainaut autorise l'échange. — Parmi les vassaux de ce dernier figure Ansel de Forest, frère de Simon de Lalaing. — 1178.

In nomine sanctæ et individuæ Trinitatis.

Ego Balduinus, Dei gratia Haionensium comes, omnibus ecclesiæ filiis in perpetuum. Quum dignum est ut paci ecclesiarum quæ in comitatu meo sunt studeam prouidere, ne dolositate iniquorum perturbentur, aut aliquam in posterum jacturam sustineant, iccirco per presentis cartæ paginam notum facimus omnibus tam futuris quam presentibus, quod Symon *de Lalein*, homo meus, dedit ecclesiæ Aquicinctensi quoddam nemus, quod est inter Lalein et Aquicinctum, in concambium pro terra, mensuram pro mensura. Tali conditione quod ipse Symon et uxor ejus, filii quoque ipsius, concesserunt et guerpiuerunt in perpetuum supradictæ ecclesiæ Aquicinctensi viam quæ ibat de Lalein, per medium nemus, versus Aquicinctum. Æcclesia quoque reddidit ei et hominibus ejus viam per sclusam suam, a villa de Lalein usque ad pontem qui est juxta domum ventalium, peditibus tantum et equitantibus, sine carro et quadriga, salua in omnibus sclusa.

Ut autem hæc pactio firmius utrobique teneretur, SYMON supradictæ æcclesiæ Aquicinctensi me obsidem dedit. Ad majorem etiam hujus pactionis confirmationem, sigilli mei auctoritatem apposui et subtersignatorum testium astipulatione corroboraui.

Signum mei ipsius *Balduini* comitis. S. *Gerardi de Sancto Auberto. Gerardi*, prepositi Duacensis. *Iberti de Gummenies. Raineri de Tiuns. Stephani* aduocati (1) *Raineri*, filii ejus. *Vualteri de Scalgion.* ANSELLI *de Forest*, fratris ipsius SYMONIS. *Balduini Panier. Gozelli de Aniz. Johannis de Aniz. Gerardi de Sancto Pitone. Raineri Cretin. Adam de Obercicourt.*

Actum anno ab incarnatione Domini m° c° lxx° viij°.

Archives départ. Acte en parch. en double; ces doubles complètent le mot *Cyrographvm* écrit sur les deux tranches; pas de trace de sceau. Au dos: « *De donatione nemoris domini* de Lalaing. »

(1) Avoué de Marchiennes.

V.

*Nicolas I de Lalaing, du consentement de son frère
Gossuin et en présence du comte Bauduin, renonce
à toute réclamation au sujet du bois et du chemin
cédés à l'abbaye d'Anchin par son père (en 1175)
et confirme le don du ruisseau de Lalaing fait à
l'abbaye par ses ancêtres. — (Vers 1200.)*

† In nomine Domini.

Ego BALDUINUS, Dei gratia comes Flandrie et Hai-
noie, notum facio omnibus tam presentibus quam
futuris, quod cum NICHOLAUS *de Laleng* querelam
aduersus ecclesiam et fratres Aquicincti, super qui-
busdam possessionibus quas eadem ecclesia in pre-
sentiarum possidet et longo retro tempore noscitur
possedisse, mouisset et eos super hoc frequenti vexa-
tione fatigasset. Tandem, saniori usus consilio, in
mea veniens presentia, quicquid aduersus ecclesiam
clamauerat liberum concessit et guerpiuit.

Inde nominatim duxi exprimendum. Quoddam
nemus et viam que ab Laleng per ipsum nemus du-
cebat in Ostreuandum, unde patri ejus fratres Aquicincti dederunt in concambium quasdam portiones
terre quas, pro ipso nemore, a patre meo recepit in
feodum, ut nemus et via ecclesie libera remanerent.

Elemosinas etiam, quas ab antecessoribus suis ecclesia susceperat, concessit et laudauit: fossatum
etiam cum aqua quod, per villam de Laleng, de
Scarpo et de Bais usque Aquicinctum dirigitur, cum

exclusis utriusque ripe, ecclesie esse, cum omni liber-
tate, recognouit, sicut in autenticis scriptis aui videlicet mei *Balduini*, nobilis quondam comitis Haino-
niensis et *Andree*, venerabilis quondam Attrebatensis
episcopi, continetur.

Hec et alia que ecclesia usque ad id temporis pos-
sedit et adhuc possidet, idem NICHOLAUS, in presentia mea, guerpiuit et ecclesie, ad omnes usus suos,
jure hereditario possidenda concessit, assensum pre-
bente huic sue concessioni fratre suo GOZUINO. Hanc
concessionem et juris ecclesie recognitionem et ego
quoque concederem et ecclesie, ex parte sua, obses
fierem, humiliter rogauit et impetrauit.

Quia igitur obsidatus vestre prefatas res ecclesie
teneor guarandire, sigilli mei impressione et hominum
meorum subscriptione ipsas eidem ecclesie justum
duxi roborare.

Signum mei ipsius *Balduini* comitis. S. *Gerardi*,
prepositi de Brugis. S. *Alardi de Cymai*. S. *Gerardi
de Sancto Auiberto*. S. *Hugonis*, fratris ejus. S. *Nicholai de Borbencon*. S. *Guillelmi*, auunculi comitis.
S. *Eustachii de Lens*.

Archives départ. Orig. scellé, dans le fonds d'Anchin.
Au dos: «*De aqua de Lalaing per Nicholaum, do-
minum de Lalaing.*»

VI.

Nicolas I, seigneur de Lalaing, du consentement de son frère Gossuin et en présence du comte et de la comtesse, affranchit, moyennant une somme de soixante livres, monnaie douaisienne, l'abbaye d'Anchin de l'obligation où elle était de réparer les murs entre lesquels coulait, dans le village de Lalaing, le ruisseau se dirigeant à Anchin; à charge néanmoins, par l'abbaye, de continuer à refaire ou réparer, le cas échant, les ponts établis sur ce cours d'eau. Il confirme en outre l'échange conclu (en 1178) entre l'abbaye et Simon, son père. — Douai, 1201.

In nomine Domini.

Ego BALDUINUS, Dei gratia Flandrie et Hayn. comes, notum facio omnibus tam presentibus quam futuris, quod cum ecclesia Aquicinc. et fratres ejusdem loci utramque partem utriusque ripe fossati, quod per villam de Laleng dirigitur et usque ad Aquicint. protenditur, per eandem villam solummodo et non amplius aut ulterius murare, secundum assertionem NICHOLAI, deberent et hoc idem NICHOLAUS, dominus de Laleng, sibi fieri tam oportune frequenter expeteret et acclamaret.

Tandem in presentia mea et venerabilis *Marie*, uxoris mee, apud Duacum, veniens, ibidem, virorum sapientum et amicorum suorum saluberrimo usus consilio et sexaginta librarum tractus beneficio, Dua-

censis monete, quas eidem contulit ecclesia, predicti
fossati murationem et omnem muralis operis exac-
tionem prefate remisit ecclesie et condonauit et in
perpetuam elemosinam contradidit. Hoc ipsum Gozuino, fratre suo, laudante benigne et concedente.
Et cum fidei interpositione insuper promittente quod
hec, necnon et commutationes terrarum et nemorum
inter ecclesiam et Symonem, patrem suum, factas et
contractas firmiter et inuiolabiliter obseruaret.

Illud tamen concorditer exceptum fuit, quod pontes assuetos, super fossatum constitutos, quotiens
opus fuerit et necessitas exegerit, reficere debet ecclesia et reparare. Nisi malicia ipsius Nicholai aut
successorum ejus aut hominum ipsius ville de Laleng, predictos pontes aut aliquem ipsorum pontium
aliquando confringi, dejeci vel violari contigerit, ab
eodem Nicholao vel ab alio qui dominus ville de
Laleng repertus fuerit, debent utique restaurari, refici
et reparari.

Ad majorem ergo hujus rei firmitatem et ut super
hoc ecclesie predicte guarandiam prestarem, quatinus
exinde obses fierem, idem Nicholaus me multis pre-
cibus requisiuit et impetrauit.

Quia igitur ex obsidiatus jure indempnitati prefate
ecclesie volui et debui consulere, presentem pagi-
nani, sigillo nostro confirmatam et testium subscrip-
torum annotatione corroboratam, Aquicinen. ecclesie
tradidi, iu testimonium veritatis conseruandam.

Signum mei ipsius *Balduini* comitis. Signum
Marie, uxoris mee, comitisse. Signum *Henrici*, fratris
mei. Signum *Raineri de Trit*. S. *Petri de Maisnil*.

S. *Gozuini de Sancto Albino.* S. *Berneri de Roocort.*
S. *Ernulfi d Escaillon.* Signum *Rogeri* capellani. S.
Gerardi d Escaillon. S. *Viluini,* clerici mei.

Actum est hoc, anno incarnati Verbi m° co° primo.

> Bibliothèque nationale, Ms. collection Moreau, vo-
> lume 103, folio 18. Copie prise par dom Queinsert,
> le 30 janvier 1771, dans le cartulaire d'Anchin con-
> tenant «227 feuilles, compris la table, etc. com-
> mençant par ces mots: *Jou Witasses,* etc. finissant
> par ceux-ci: *mil quatre cens et ung,* lesd. feuilles
> en très beau parchemin large de 8 pouces ou envi-
> ron, sur un pied ou environ de hauteur, écrit d'un
> caractère qu'on estime être l'écriture du 13e siècle...
> Déposé icelui cartulaire au quartier de M. le grand
> prieur d'icelle abbaye. »
> Dans une note explicative mise à la suite de sa copie,
> dom Queinsert dit qu'il s'agit du ruisseau le *Bote-
> cart* (Bouchard).

VII.

*Nicolas I de Lalaing, du consentement de son frère
Gossuin et en présence du prince Philippe de
Flandre, marquis de Namur, régent de Flandre et
de Hainaut, cède à l'abbaye d'Anchin la dîme qu'il
levait à Lalaing et qui mouvait du comté de Hainaut. — Ath, le jeudi 14 avril 1211.*

1°

Ego Philippus, marchio Nam. Flandr. et Hain.
procurator, notum facio uniuersis presentibus pariter adfuturis, quod fidelis meus Nicholaus *de Lalaing,* assensu Gosuini, fratris sui, omnem decimam

quam a domino Hayn. in territorio de Lalaing, tenebat, in manum meam resignauit, a opus ecclesie de
Aquicincto. Ita quidem quod idem NICHOLAUS, fide
interposita, pepigit et super sacrosancta jurauit,
quod si aliquis predictam ecclesiam, super decima
prefata, in posterum grauare presumeret, inde ecclesie bona fide esset auxilio et consilio et quod super
hoc ulterius non erit in extorsa vel in excampia pres-
cripte ecclesie. Quod ut ratum permaneat, ad peti-
cionem prefati NICHOLAI, inde me constitui ostagium,
sine meo dando, scripto et sigillo meo id confirmans.

Datum apud Ath, die jouis post Clausum Pascha,
anno Domini m° cc⁰ undecimmo.

Collection Moreau, volume 116, folio 40; copié par
dom Queinsert, le 4 juillet 1770, sur l'original
scellé qui se trouvait dans les archives de l'abbaye
d'Anchin. Dom Queinsert donne un dessin du sceau
armorial, l'écu au lion couronné, dans un enca-
drement gothique, avec deux fleurs de lys hors de
l'écu et accostant le lion; la légende manque.

2⁰

Reverendo domino et patri in Xᴘᴏ karissimo R.
Dei gratia Attrebatensi episcopo, Pʜ. marchio Na
murcensis, salutem et paratum obsequium. Noverit
benignitas vestra, quod consanguineus et fidelis
meus, NICHOLAUS de Lalaign, per assensum meum,
omnem decimam quam a domino Hain. in territorio
de Lalaign, tenebat, reportauit in manum meam, ad
opus ecclesie Aquicinensis. Quam decimam in manus

vestras resigno, ecclesie predicte a vobis conferendam et confirmandam.

Datum apud Ath, die jouis proxima post Clausum Pascha, anno Domini m° co° undecimo.

Collection Moreau, vol. 115, folio 78. Extrait du vidimus de l'évêque d'Arras, donné dans sa charte du mois de juin 1211, contenant mise en possession de la dîme au profit de J. prieur d'Anchin. Copié par dom Queinsert, sur l'original, le 2 juillet 1770.

VIII.

Nicolas I, seigneur de Lalaing, en présence de l'évêque d'Arras, exempte l'abbaye de Marchiennes, de tout droit de « vinage » sur le blé, le vin et les autres choses des religieux, qui traverseront sa seigneurie, par eau ou par terre, quand même le bateau ou la voiture n'appartiendrait pas à l'abbaye. — Arras, 25 septembre et Marchiennes, 23 septembre 1219.

1°

R. diuina permissione Attrebatensis episcopus, omnibus quibus litteras istas videre contigerit, salutem in vero omnium salutari. Sciat fidelium uniuersitas quod NICHOLAUS, dominus de Lalaign, miles, in nostra, propter hoc Attrebati, presentia constitutus, pro suo et antecessorum suorum animarum salute, quitauit in perpetuum ecclesie Marcianensi omne wienagium quod ipse exigere vel capere solebat de blado, vino et aliis

2.

catallisad ecclesiam pertinentibus antedictam, interposita fide promittens quod nunquam de cetero nauim
seu aliam vecturam, siue sit ipsius ecclesie, siue sit extranea , per aquam ant aliam potestatem jam dicti N.
transeuntem et prefate ecclesie bona portantem, ulla-
tenus nomine wienagii faciet arrestari, neque super
hoc ipsam ecclesiam, per se vel per alios, a modo
molestabit et ad id firmiter obseruandum heredes
suos nichilominus obligauit.

Quod ut memorie perpetuo commendatum debitam
obtineat firmitatem, ad postulationem predicti militis, presentem paginam inde factam nostri appensione
sigilli fecimus insigniri, subscriptis nominibus illo-
rum qui interfuerent.

Pontius Attrebatensis et *Symon* Ostreuandensis
archidyachoni nostri, *Bartholomeus* decauus, *Robertus* cantor et magister *Robertus de Duaco,* scolasticus
Attrebatensis, domnus *Mychael* abbas, *Hugo de Bruila*
et *Renerus de Basseia,* monachi Marcianenses.

Actum anno gratie millesimo ducentesimo nonodecimo, vijo kalendas octobris.

2°

Ego NICHOLAUS, dominus de Lalaing, miles, notum
fieri volo tam futuris quam presentibus, quod pro
anima mea et antecessorum meorum salute quitaui
in perpetuum ecclesie Marcianensi omne wienagium
quod exigere vel capere solebam de blado et vino et
aliis catallia ad ecclesiam pertinentibus, liberaliter et
clementer indulgens ut, in omni potestate mea, tam

per terram quam per aquam, libere et absque ulla
tributi exactione res ecclesie transeant, siue vectura
sit ipsius ecclesie, siue extranea.

Quod ut memorie commendatum debitam optineat
firmitatem, presentem paginam inde factam nostri
appensione sigilli in monimentum et munimentum
ecclesie fecimus insigniri.

Ne quis igitur ex aduerso veniens nostrum hoc
perturbare beneficium presumat, nouerint omnes
presentes litteras inspecturi, quod, in presentia domini abbatis *Michælis* et totius conuentus, quicquid
juris habebam in wienagio, per cespitem et ramum,
super altare predicte ecclesie reddidi et hoc ipsum
coram domino *R.* Attrebatensi episcopo et domino
Poncio et domino *Symone*, Ostreuannensi archidiacono et domino *Bartholomeo* decano et multis aliis
canonicis et clericis recognoui.

Actum anno dominice incarnationis millesimo
ducentesimo nonodecimo, iiij° kalendas octobris (1).

Archives départ. Originaux dans le fonds de Marchiennes. — Le sceau de l'évêque, pendant à des
attaches de soie, existe encore, au bas de la première charte; mais, à l'autre, le sceau du sire de
Lalaing a été enlevé et les attaches de soie coupées.

(1) Au dos de la charte: «S. *Nicholai, domini* de Lalaing, *de
wienagio.*»
Publiée, mais d'une façon défectueuse, dans les *Opera diplomatica* de Le Mire et Foppens, Bruxelles, 1723, in-folio, I, p.
734. La date notamment porte 1209 au lieu de 1219. — Cf. Le
Glay, *Revue des Opera diplomatica*, Bruxelles, 1856, in-8, p. 78.

IX.

Raoul, évêque d'Arras, mande au doyen de chrétienté
de Douai, qu'il ait à frapper d'excommunication
le prévôt de Douai et messire Nicolas de Lalaing,
s'ils obstinent à agir illégalement vis-à-vis de
l'abbaye d'Hasnon, au sujet de leur droit de
« vinage ». — (Vers 1219.)

R. diuina permissione Attrebatensis ecclesie sacer-
dos humilis, R. decano Xpianitatis Duacensis, salutem. Mandamus vobis et firmiter precipimus quatenus
moneatis diligenter et sine mora, coram aliquibus
bonis viris, nobiles viros prepositum Duacensem (1)
et NICOLAUM *de Lalaing*, militem, ut vadia que cepe-
runt ab ecclesia de Hasnon pro winagio restituant
ipsi ecclesie indilate et de dampnis, que ipsa ecclesia,
occasione winagii, incurrit, satisfaciant competenter
et ecclesiam super illis winagiis dimittant in pace. Et
si ipsi de ecclesia conquerri voluerint, parati sumus
de ipsa eisdem justicie plenitudinem exhibere. Quod
si facere noluerint, vos ipsos et excommunicetis et
excommunicari faciatis per totam decaniam vestram,
singulis diebus dominicis et festiuis et terras eorum
supponatis firmissimo interdicto, usque ad condignam
satisfactionem. Et si aliquem de presbiteris vestris,
in exequendo mandato isto, tepidum inueneritis aut
rebellem, vos ipsum suspendatis a diuinis et dicatis

(1) Comme seigneur d'Escarpel.

eis qui suspencionem sustinuerint, quod non abso-
luentur, donec ipsa winagia soluerint ipsi ecclesie et
nobis de inobedientia satisfaciant competenter.

Collection Moreau, volume 127, folio 36. Copié par
dom Queinsert, le 16 juillet 1771, sur le cartulaire
d'Hasnon, folio 88 verso, contenant 168 feuillets en
papier, larges de sept pouces quatre lignes et demie,
sur onze pouces quatre lignes de hauteur.
Corrigé sur le cartulaire d'Hasnon (folio xxv) de
l'an 1445 environ, reposant à la bibliothèque publique de Douai (legs Tailliar, 1878). Le titre
ajouté à la pièce est inexact : « Mandatum episcopi
Attrebatensis contra decanum S. Amati et domi-
num de Lalaing, qui detinebat vadia ecclesie Has-
noniensis. »

X.

*Simon II, seigneur de Lalaing, cède à l'abbaye d'An-
chin son moulin à eau banal de Lalaing et se reconnaît homme lige de l'abbé pour un fief de neuf
muids de blé de rente annelle sur ledit moulin. —
1242, août.*

Je Symons, sire de Lalaing, chevaliers, fach savoir
à tous cheaus ki ces lettres verront, ke tous li cours
de liaue, tres les puchiés (1) de Gaisnain dusques al
molin de Auvenchin ki siet à Lalaing, est le glise de
Auvenchin. Et le cours de cest iave devant dite puet
et doit le glisse devant noumée regieter et renijer à se

(1) Dérivé de *puch*, puits. Il paraît être ici employé dans le
sens de source.

volenté. Et cest regiet et cest cours de ceste iaue deuant
dite doi jou et mes oirs warandir à le glise enuers
toutes gens. Sauf cou ke li pescherie de liaue deuant
dite demeure à mi et à men oir. Et en cest cours de
ceste iaue deuant dite, ne puis je, ne mes oirs ne
autres, tendre engien ne vasciel (1) par coi li molins
perge se iave. Mais de ceste iave deuant noumée puis
je et mes oirs paistre tant seulement mes viuiers, si
comme le viuier ki fu prés dame *Mehaut* (2) et lautre
viuier as tourbieres. Mais ke li molins ne pierge si
ave par coi il ne puist molre.

Et sil auenoit ke jou ne mes oirs fesischiemes
autres viuiers ke cheaus ki deuant sunt noumé et
jou u mes oirs u autres lascisciesmes liaue de ces
viuiers deuant noumés courre es autres, par coi li
glise i eust damage, je suis tenus et jou et mes oirs à
rendre le damage dusques al plain dit labé d Anchin,
ki conques en soit abés. Et de ce ke li abés diroit ke
il damage i aroit evv, jou lai assené à reprendre le
damage à tout le fief que jou tieng de labé et de le
glise d Anchin.

Et el cours del iave deuant dite, ki vient al molin,
ne puis je, ne mes oirs ne leglise d Anchin, auoir

(1) Cf. ci-après: «molre à vintisme vaischiel».

(2) Voilà probablement le nom d'une dame de Lalaing du XII°
siècle, qui vivait à une époque où le vivier du XIII° siècle était
encore une prairie.

buiron (1) mais ventaile j puet auoir leglise d Anchin pour liaue tenir et laischier aler à se volenté. Et
toute li justice del cours de liaue deuant dite demeure
à mi et à mein oir.

Et jou et mes oirs deuons faire tous cels de Lalaing aler par ban molre al molin de Lalaing deuant
dit, ki est leglise d Anchin et il doiuent molre à vintisme vaischiel (2). Et se par le defaute del molin ni
pooient molre, sil aloient ailleurs, nient ne leur en
poroit on demander. Et sensi estoit kil ni veniscent
dusques à disc et wit rasieres de blé, doi jou et mes
oirs rendre, cascun an, à leglise deuant dite, se li
abès d Anchin, ki conques seroit abés, disoit ke tant
iert de damage. Et ces disc et wit rasieres doit on
rabatre des nuef muis ke leglise deuant dite me doit,
desquex je sui hom liges labé et leglise d Anchin.

Et jou et mes oirs deuons molre no propre molnée
à tous jours pour nient al molin deuant dit.

Ne jou ne mes oirs ne poons rumpre ne
escheiauer (3) nos viuiers deuant dis, par coi li molins pierge siave.

---

(1) « *Buironum* ; espèce de réservoir fait d'osier ou de planches,
pour y resserrer dans lès rivières le poisson qui s'y prend, surtout
les anguilles qu'on prend au moyen d'une claye qu'on nomme
ciyet dans ce pays et qui est placé à côté du tournant des mou-
lins ». Note de dom Queinsert, à propos d'une charte des archives
de l'abbaye du Verger-lez-Oisy (Bibl. nation. collection Moreau,
volume 160, folio 84).

On connaît Buironfosse, petite ville de Picardie.

(2) Cf. ci-devant : « engien ne vasciel ».

(3) Dessécher. Voir dans les glossaires : *Eschsue*. On dit encore, en wallon, *esruer*.

Et se fach à sauoir ke jou ne mes oirs ne autres ne peut jamais faire molin en tout le pooir de Lalaing.

Et teles droitures que li abesse et le glise de Malbuege (1) a el molin de Lalaing deuant dit, doi jou et mes oirs rendre à labeese et à leglise de Malbuege. Et sil auenoit ke li abeesse et leglise de Malbuega traisist al molin, jou et mes oirs deuons warandir le molin deuant dit à leglise d Anchin. Et sil auenoit ke jou ne mes oirs ne le warandesischiemes et li abeesse volsist prendre al molin teles droitures kele j a, ce kele i prenderoit doit on rabatre des nuef muis de blé ke le glise d Anchin me doit, desquex je sui hom labé et leglise d Anchin.

Et se fach à sauoir ke li Bouchars, tres lentrée de Scarpt dusques en Anchin, parmi me terre, est leglise. Et li abés et leglise d Anchin puent tenir les escluses de Boouchart, parmi me terre, si hautes ke il welent. Ne jou ne mes oirs ne poons à nul jour rompre le Bouchart ne empirier.

Et si fach à sauoir ke li riés de Bielmarés, ki siet dune part et dautre li Bouschart, est tous cuites labé et leglise d Anchin à faire leur volenté.

Et pour ce ke ce soit ferm et estable à tous jours, jou ai douné à leglise d Anchin ces letres seelées de nostre seel.

Ce fu fait lan del incarnation Jhesu Crist mil et deus cens et quarante et deus, el mois dauoust.

          Archives départ. Orig. scellé, dans le fonds d'Anchin.

(1) Le chapitre noble de Sainte-Aldegonde de Maubeuge était collateur de la cure de Lalaing.

XI.

Simon, sire de Lalaing, ayant cédé à l'abbaye d'An-
chin son moulin de Lalaing, la dame de Dam-
pierre consent, comme dame de Bouchain ou
d'Ostrevant, à ce que ce moulin soit détaché de la
seigneurie de Lalaing; en échange, elle accepte,
pour être joints à cette seigneurie, une partie de
bois qui était franc alleu, ainsi que des améliora-
tions faites à la terre de Lalaing, notamment pour
sa défense. — 1242, août.

Jou MARGHERITE, dame de Dampierre et de Bouchain, fach sauoir à tous cels ki ces letres verront, ke
SYMONS, sire de Lalaing, cheualiers, mes hom, a
reporté en me main, pardeuant mes homes, le molin
de Lalaing et le siege del molin dusques à une coupe
de tiere, auoec (1) le glise de Auuenchin, à ireter con
sen franc alue. Et le molin et le tiere deuant dite ai
je rendu à le glise deuant nomée, comme son franc
alue, par loi et par jugement de mes homes. Et pour
che ke je l ai osté de mon fief, a SYMONS deuant dis
mis en restor de mon fief V rasieres de bos ki siet
vers le bousne de Montegni, ke il tenoit con son franc
alue et lamendement de 'le fortrece de le vile, del
fosset et de le pescherie ki vient par desus al molin.
Et mi home disent par jugement ke cis restors est
souffisans pour le molin et pour le tiere deuant dite.

(1) Au profit de.

Et le marés dont li contens fu entre Symons *de Lalaing* deuant noumé et le glise deuant dite, kil auouoit à tenir de moi en fief et li glise disoit encontre ke cestoit ses frans alues, Symons le reporta en me main pour aireter le glise de Auuenchin con son franc alue. Et je lai rendu à le glise deuant noumée con son franc alue, par le jugement de mes homes ki ces choses doiuent jugier par droit et par loi.

Et pour che ke se soit ferm et estable à tous jors, ai je douné ces letres seelées de men seel à le glise deuant dite, à le requeste Symon deuant noumé.

Ce fu fait en lan de le incarnation Nostre Segneur Jhesu Crist mil et ij cens et quarante et deus, el mois dauoust.

Archives départ. Orig. scellé, dans le fonds d'Anchin.

XII.

Simon II, seigneur de Lalaing et sa femme Alixandre font une fondation au profit des pauvres de Lalaing. — 1243, avril.
Nicolas II, seigneur d Lalaing, ratifie ces legs pieux de feu son père Simon II. — 1265, juillet.

Jou Nicholes, sires de Lalaing, cheualiers, fach sauoir à tous chiaus ki ces lettres verront et oront, ke jou ai veues les lettres mon tres chier pere cui Dex asoille...

Sacent tout cil ki sunt et ki auenir sunt ke jou
Simons, sires de Lalaing, cheusliers et *Alixandre*,
me feme, auons donné un mui de tiere pour Deu et
en almoane as poures gens de Lalaing, en restor de
nos tors fais. Si en prendera on trois rasieres qui
furent *Ernoul dela Outre* et une rasiere qui fu
Jehan Moriel et quatre rasieres sor Boisart (1) dales
le tiere Hardebole et quatre rasieres en le Coroie
deniers le Bais (2). Et si faisons asauoir que nous
auons donné deus rasieres de tiere ason (3) Grant
Camp par deniers les Arsins, pour les sis rasieres
de bleit ke Jehans, mes freres, donna, cascun an,
pour Deu et en almosne, as poures gens de Lalaing.
Et se chou estoit cose kil neuist un mui de tiere ens
es pieces deuant dites, nous volons con le parface de
no tiere ason Grant Camp dales les deux rasieres
deuant noumées. Et si faisons bien asauoir ke nous
auommes autant u plus aquis ou pooir de Lalaing,
que ces almosnes lieuent.

Et ceste tiere deuant dite laisons nous en le main
le prestre et les eschieuins de Lalaing. Et sil auenoit
cose kil neuist eschieuius en le vile de Lalaing, li
prestres doit prendre ciunc preudoumes auoec lui,
ki deparcent cela almosne pour le miols kil saront,
soit en pain, soit en bleit, soit en caucemente, le jour
des armes (4).

(1) Le ruisseau dit le Bouchart.
(2) Le ruisseau dit le Bais.
(3) Auprès de.
(4) Ames; jour des Morts.

Et si volons ke li prestres anonce, cascun an le jour tous sains, au ventele (1) ke se nous auons à nului tort fait, kil viengne auant et kil se face creaule par le dit et par le consel de chians ki lausmosne ont à warder et kil li soit restoret del aumosne deuant dite, se no hoir ne le voloient restorer.

Et des preus de cest mui de tiere que nous auons lessiet as poures gens de Lalaing, prendra on une rasiere de bleit que nous deuons au prestre de Lalaing, pour faire no obit cascun an.

Et si volons ke li prestres et li eschieuin de Lalaing prengent trois coupes et demie de bleit, ke li més (2) *Gossart* le fornier doit. Et se doit ausi *Gossart* li forniers wit sol dartisiens : de coi nous volons ke li doi sol voisent à no obit, aunec les trois coupes et demie de bleit et li sis sol voisent à le candoile ki art à l'autel. Et ces wit sol deuant dis et ces trois coupes et demie de bleit, doit il sor le pret Dessois et sor sen manage (3) ki fu *Adam de le Cambe*. Et de ces deur sol deuant dis et des trois coupes et demie de bleit, volons nous con en acacie de le cire con ardera à no obit.

Et si donons sis sol de douissiens sor le més Brebison, kil doit cascun an ét ces sis sol offerra on, cascun an, au jour de no obit.

Et si volons que, se li prestres de Lalaing mandoit

---

(1) D'après le sens de la phrase, « le ventele » désignerait l'endroit de l'église d'où le prêtre parlait aux fidèles. — *Ventalia*: la balustrade qui clôt le chœur.

(2 et 3) Manoir.

prestres ki fuissent à no obit, nous volons que cascuns euist douse deniers artisiens, dusqua ciunc prestres : et ces ciunc sol volons nous ke li prestres et li escheuin de Lalaing les prengent al almosne con doit departir as poures gens de Lalaing. Et se li prestre deuant dit ne venoient à no obit, nous volons ke li ciunc sol demeurent al almosne des poures gens de Lalaing.

Et pour chou que ceste almosne soit ferme et estaule, le conferme jou de men saiel.

Ceste cartre fu faite en lan del incarnation Nostre Segneur m. cc. et quarànte et trois, el meis dauril.

Et jou NICHOLES, sires de Lalaing, cheualiers deuant dis, fac asauoir à tous, que jou ceste almosne et toutes ces coses deuant dites ai loées et grées et les ai enconuent et proumis à faire et à tenir, coume sires, pour mon signeur et pere deuant dit, cui Dex assoille, en le forme et en le maniere que dessure est dit. Et pour chou que jou NICHOLES, sires de Lalaing, cheualiers deuant dis, voel que ceste almosne et ces coses soient fermes et estaules et bien tenues à tous jours de mi et de mes hoirs et de nos successeurs, ai jou ceste cartre saielée de men propre saiel.

Ce fu fait en lan del incarnation Nostre Segneur m. cc. et sissante et ciunc, el mois de julie.

Archives communales de Lalaing, N° 88 quater de l'inventaire Ms. Acte en parchemin, muni du sceau du seigneur Nicolas II.

XIII.

La douairière de Lalaing gagne un procès contre l'abbé de Saint-Amand, au sujet du ruisseau dit le Bais, devant le bailli de Hainaut. — Valenciennes, en la Salle-le-Comte, 1252, 7 octobre.

Nous Ans baillius de Hainau, à tous ceaus ki ces lettres veront et oront, salut et amor.

Cum il soit ainsi ke, un jor ki passés est, eust content entre labbet de Saint Amant (1) et le couent, dune part et le dame de Lalaign, dautre part, dune ewe ke on apiele le Bais, ki keurt à Lalaign et ke cheualier fusscent presens en le cort de Hainau et home me dame le contesse, tel com messire *Jehan de Le Mote* et messire *Tieris de Tions*, ki enquesisscent le tenure monsigneur labbet et le couent deuant dis encontre le dame de Lalaign et le tenure de le dame de Lalaign, encontre labbet et le couent, de lewe deuant dite. Et cumme li cheualier deuant dit aient raportet lenqueste kil en ont faite, pardeuant les homes medame le contesse, en le cort de Hainau, nous vous faisons asauoir ke, par cele enqueste de-

---

(1) L'abbé de Saint-Amand agissait en qualité de seigneur de Dechy en Hainaut, village arrosé par le ruisseau dit le Bais, qui naît à Guesnain.

La sentence rendue en faveur de la dame de Lalaing tournait au profit de l'abbaye d'Anchin, dont le moulin de Lalaing recueillait les eaux du Bais; aussi fut-elle conservée dans les archives de cette abbaye.

seure dite, il est dit par jugement en le cort deuant
dite, pardeuant nous, par monsigneur *Jehan del Es-
pais*, sur qui li jugemens fu tornés, par le conselh
de ses pers les homes medame le contesse, teus com:
le signeur de Bous[ies], le signeur de Kieuerign,
monsigneur *Renier de Jauce*, Monsr *Jehan de Gen-
laign*, Monsr *Jehan de Le Mote*, monsigneur *Thieri de
Tions*, Monsr *Gille de Wasnes*, Monsr *Mahiu d Iwir*,
monsigneur *Rogers de Potieles*, le senescal de Hor-
daign, Mons[r] *Henri de Gamap.*. monsigneur *Bauduin de Obercicort*, monsigneur *Gerart de Thions*,
Monsr *Nich. de Bewegnies*, monsigneur *Estieuenon
d Art* [re], Monsr *Gille de Bermeraign*, Monsr *Gille
d Escaupons*, monsigneur[o] *Driwon de Saint Vast*,
Monsr *Jehan le Vilain*, *Bauduin*, le preuost de Binch,
Bauduin d Aubegni et Bauduin de P[ra]iaus. Ke li
abbés ne li couuens deüant dit nont nul droit en
couk il demandoient en lewe deuant dite, sil est
asauoir de couk il disoient kil le pooient rompre à
leur volentet, por faire corre en leur fossés et ke cest
drois le dame de Lalaign.

Et por cou ke nous volons ke tout le sacent, nous
en auons faites ces presentes lettres saieler de no
saiel.

Chou fu jugiet en le sa¦e medame le contesse, à
Valenciennes, le deluns apres le saint Remi, lan de
le incarnation Nostre Signeur mil deus cens et chuu-
quante deus.

Archives départ. Fonds d'Anchin, orig. scellé par le
bailli de Hainaut (Cf. Demay, *Sceaux de la Flandre*, N° 5008). Au dos : « *Balliut Haynoniensis,
de aqua* de Lalain.»

XIV.

*Nicolas II, seigneur de Lalaing, renouvelle la dona-
tion faite à l'abbaye de Marchiennes, en 1219, par
son aïeul le seigneur Nicolas I. — 1269 (vieux
style) mars.*

1°

Jou Nicholes, cheualiers, sires de Lalaing, faic
sauoir à tous chiaus ki ces lettres veront et oront, ke
jou ai douné otroié, pour Dieu et en aumosne, à leglize de Marchienes, frankement riuage et wienage
sour le mien à tousjours, sans nient paier, pour iaus
et pour toutes leur coses, soit pour faire kauchie et
fremetet (1) en leskieuinage de Marchienes, u autres
coses et oblige mi et mes oirs à tenir ceste lettre ferme
et estaule à tous jours. Et renonce à tous maniemens
ke jou et mi oir et autre de par nous poriemes faire
contre ceste lettre.

Et pour chou ke ce soit ferme cose et estaule à tous
jours, jou ai ceste presente lettre saielée de men propre saiel pendant.

Ce fu fait lan del incarnation Jhesu Crist mil et
deus cens sissante nuef, el mois de marc (2).

2°

Jou Nicholes, cheualiers, sires de Lalaing, faic

(1) *Fermeté*, fortification, rempart.
(2) Au dos du titre: « Letre dou riuage de Lalaing. »

sauoir à tous chiaus ki ces letres verront et oront, ke
jou ai veu le chartre ke me sires NICHOLES *de Lalaing*,
jadis mes taions, donna à leglize de Marchienes, en
tels paroles en latin :

Ego NICHOLAUS, *dominus* de Lalaing, *miles*..(1).

Et jou NICHOLES, cheualiers, sires de Lalaing
deuant dis, tel don et tel grasse et tele aumosne ke
me sires NICHOLES *de Lalaing*, jadis mes taions,
donna à leglize deuant dite, je lotroie, comferme et
aprveue ferme, boine et estaule perpetuelment. Et
renonche à tous maniemens ke jou et mi wienen-
chier (2) et tout autre de par mi ayens fait en prendant wienage des coses de leglize deuant dite, quant
on les menoit par estraingnes voitures u par les leur
et renonche à touc maniemens ke jou et mi oir poriemes faire contre le letre deuant dite.

Et est encore à sauoir ke je conferme, otrie et grée
et ai pour ferm et pour estaule tel don u tel couuenan-
che ke *Amourris de l'Espaisce* (3) a doué et otrié
à leglize de Marchienes et tel quitance de le partie
dou wienage de Lalaing kil a encontre mi et ke on
tient de mi, ke il soloit demander et prendre, si com
de blé, de vin et dautres cateus pertenans à leglize
deuant dite, ja fusce cosé ke ce fust voiture de leglize
u estraingne voiture.

Et est encore à sauoir ke jou ai otrié et otroie à

(1) Voir la charte du 28 septembre 1219. *Preuves*, VIII 2º.
(2) Percepteurs du droit de vinage.
(3) Un descendant présumé des Lalaing par les femmes. Voir
branche aînée, V 3º.

3.

leglize et au couuent de Marchienes riuage sour le mien iretaulement, sans nient paier pour iaus et pour toutes leur coses.

Et oblige mi et mes oirs, à tous jours, à tenir fermement toutes les coses deuant dites et renonche à tous maniemens ke jov et mi oirs et autre de par nous poriemes faire encontre toutes ces coses deuant dites et à tous priuileges, toutes aijeves (1) toutes raisons ke nous poriemes metre encontre cest present escrit pour nous aidier et pour leglize greuer.

Et pour chov ke ce soit ferme cose et estaule et durans à tous jours, jov NICHOLES, sires de Lalaing, cheualiers, ai cest present escrit saielet de men propre saiel pendant. Et pri et requir à me tres haute et noble dame, *Margherite*, contesse de Flandres et de Haynau, de qui je tienc toutes ces coses deuant dites en fief, ke ele le voele greer et otryer et kele en woelle douner se lettre en warniscement à leglize deuant dite, encontre mi, mes oirs et encontre tous chiaus ki vaurroient venir encontre ceste chartre.

Ce fu fait lan del incarnation Jhesu Crist mil et devs cens sissante nuef, el mois de marc (2).

Archives départ. Fonds de Marchiennes, originaux scellés.

(1) *Ajue* : aide, secours; de *adjutorium*.

(2) Dans le même fonds se trouve l'original scellé de la charte de la comtesse Marguerite, de l'an 1270, en avril, «le samedi apres le close Paske», correspondant au 26 avril: « Auons veues les letres nostre chier et foianle, Nicholon, cheualier, signeur de Lalaign, en tel fourme». Après le vidimus de la charte précédente, elle ajoute: « Aprouuons comme dame de la terre ».

XV.

*Simon de Lalaing, chevalier, seigneur de Semeries,
reconnaît que l'abbé d'Anchin lui a permis de
faire un ou deux ponts de bois sur le cours d'eau
appelé le Bouchart, mais seulement pour l'enlève-
ment de la coupe faite cette année-là dans son
bois de Lalaing et sans préjudice des droits de
l'abbaye. — 1287, 23 juin.*

Jou Symons *de Lalaing*, cheualiers, sires de Semeries, faic sauoir plainement à tous ciaus ki ces letres
verront et orront, ke com jou, lan del incarnation
Nostre Signeur mil deus cens quatre vins et siet, le
semaine deuant le feste de le nativité saint Jehan
Baptiste, priasse humlement et requesisse devotement
à monsigneur l abbé et as signeurs d Anchin ke, par
leur deboinaireté et leur soufrance, voaissent soufrir
ke je fesisse faire un pont u deus de fust sur leur
iaue kon apele liaue dou Boussart, tant seulement
juska tant ke jou eusse fait vuidier le taille de men
bos de cele anée deuant dite et, tantost apres le vui-
dage dou bos deuant dit, ester le pont u les pens
deuant dis de tout en tout. Et peusse faire
caryer celui bos parmi les escluses de Boussart deuant
dit, ki sunt leglise et labé et les signeurs d Anchin.
Et mesires li abbés et li signeur deuant dit,
par leur deboinaireté et leur soufrance, à me pryere,
le motriassent à faire, tant com à cele anée tant seule-

ment, sans us, sans coustumes, sans nul maniement
que jou, ne mes oirs, ne personne de me part quele
kele soit i puist demander, auoir ne clamer à nul
jour, il le motryerent tant com à celle anée, ens icom
pardeuant est dit, sans us, sans acoustumances et
sans tout maniement de mi et de mes oirs et dautrui
de me part, en tel maniere ke, pour chou ke se li
abbés et li signeur deuant dit, à ceste fois, mont
fait courtesie de laissier widier men bos parmi leur
iaue devant nomée où il ont toute peskerie, toute
justice et toute signerie et par leur escluses, pour
chou ne welent il mie, ne jou ausi, ke jou, ne mes
oirs, ne persone de me part j puissons, une autre fois,
faire pons ne voie por widier, ne caryer ne bos ne
autre cose. Car nus ne puet ne ne doit faire pons ne
voie parmi toute liaue de Boussart, ne caryer sour
les escluses, fors ke li eglise et li signeur d Anchin
tant seulement. Et sil avenoit ke li eglise et le signeur deuant dit j anoient frais, cous u damages, ke
ja nauiegne, par locoison de ce widage, jou proumet
loiaument, si com cheualiers doit faire, à rendre et à
restorer tous cous, tous frais et tous damages, juskes
au plain dit monsigneur l abbé d Anchin, sans autre
monstrance faire. Et en reconnissance de le signerie
deuant dite monsigneur labbé et le convent d Anchin,
jou en ai payet quarante-sols de parisis. Et pour toutes ces coses deuant dites tenir et warder bien et loiaument, sans plait, sans barat et sans nule decevance,
jou oblige mi et mes oirs et mes successeurs qui kil
soient, à tous jours et wel et grée ke ceste presente
letre, que jai donnée et saieelée de men propre saiel

et de me propre volenté, soit à touajours de tel condition, de tel vertu, de tel force et de tel valeur ke
ele fu le premier jour ke ele fu donnée et delinrée à
labbé et as signeurs deseure dis.

Et pour cho ke ce soit ferme cose et estaule et bien
tenue de mi, de mes oirs et de mes successeurs ki
sunt et ki àuenir sunt, jou SYMONS, deuant dis, ai
donné ces presentes lettres saielées de men propre
saiel à labbé et as signeurs d Anchin deuant dis, lan
del incarnation Nostre Signeur mil deus cens quatre
vins et siet, le vegille de le nativité saint Jean Baptiste.

Bibliothèque nationale, collection Moreau, volume 208,
folio 258. — Copié par dom Queinsert, en 1770,
« la veille de la nativité de saint Jean Baptiste »,
sur l'original existant alors dans les archives de
l'abbaye d'Anchin; le sceau perdu.

XVI.

*Simon de Lalaing, chevalier, seigneur de Semeries,
reconnait, devant son seigneur, le comte de Hainaut, que l'abbé d'Anchin lui a permis de faire un
pont ou deux sur le ruisseau dit le Bouchart, pour
enlever la taille de 1259 de son bois de Lalaing,
sans que cette gracieuseté puisse dégénérer en droi t
contre l'abbaye. — 1289, 23 juin.*

. A tous chiaus ki ches letres verront et oront. Jou
SYMONS de Lalaing, cheualiers, sires de Semeries,
salut en Nostre Signeur.

Com religieus homme li abbés et li couuens de leglise de Anchin, à me pryere et à me requeste, aient
otryet et consenti ke je puisse faire, sour leur iaue
kon apele Boussart, un pont ou deus, pour vuidier
men bos en lanée quatre vins et nuef, juskes à lautre
anée apres siuant, ki sera sour quatre vins et dis. Et
se anchois estoit li bos vuidiés, je sui tenus de oster
et deffaire le pont ou les pons dèseure dis, si tost ke
li bos deuant dis sera vuidiés. Je faic sauoir à tous ke
je ni ai nul droit, ne clamer ne puis, ne jou ne mes
hoirs, ne ne vuel, ne nentench ke par chou soit leglise de Anchin de riens desiretée, ains tieng ke ce
soit pure grasse et souffrance dians, ne par chou je
ni puis, ne jou ne mes hoirs, ki ke il soit, clamer us,
maniement ne coustumance à faire pons par deseure
liaue deseure dite, encontre le volentè de leglise.

Et prie et requier à tres noble prince et poissant,
mon tres chier signeur, *Jehan de Auesnes,* conte de
Haynau, en cui presence jai fait ceste reconnissance,
keil à ches presentes letres vuelle metre sen seel
auuec le mien, en tiesmoignage de verité.

Et jou JEHANS D AUESNES, cuens de Haynau deuant
nommés, ai mis mon propre seel auuec le seel de
mon chier feable, le cheualier deuant dit, à se priiere
et à se requeste, à ches presentes letres.

Les queles furent données en lan del incarnation
Nostre Signeur mil deus cens quatre vins et nuef, le
joedi apres le Trinité.

Archives départ. Fonds d'Anchin, original scellé : le
sceau armorial du seigneur de Semeries, placé à
gauche et le sceau équestre au lion du comté de
Hainaut, à droite.

XVII.

Extraits d'une sentence arbitrale, très longue et très détaillée, qui termine un procès entre l'abbaye d'Anchin et Simon III, seigneur de Lalaing, au sujet de leurs droits respectifs dans le village de Lalaing. — « En le ville de Peskencourt », 1326, 26 mars.

A tous chiaus qui cestes presentes lettres veiront u arront. Gerhes, sires de Noielle et Hues, sires de Roeth, escuier (1). Salut....

Comme debat et controuersies pluiseurs fuissent de piechea meuttes entre religieux hommes et sages, le abbeit et le couuent de leglise de Anchin et noble homme et honneste, Mons* Symon, signeur de Lallaing, ceualier.... Sen misent, un jour qui passé est, de lonch temps a, en certains arbitres, cest assavoir : nobles et honnestes hommes, Mons* *Gerard*, signeur de Escaillon, Mons* *Robers de Mauchicort*, cheualiers, auoech un autre tierch, noble et honneste aussi, Mons* *Gillion*, signeur de Bellammont, cheualier jadis....

Et [*depuis lors, surgit un nouveau*] debat, qui est meus pour cause du nauiage de le riuiere de Boussart, dont mencion nestoit mie faite par deuant, el compromis sour les articles qui demorés sont clos dou temps les trois premiers compositeurs dessus dis...

(1) Arbitres,

Si auons nous priet et requis as dictes parties que elles, par lassent de yaus, vosissent otrier à nous et donner pooir de, p' yaus, p' mectre auchuns preudommes auoech nous, ki nous aidaissent à conseiller...

Et sour cou, les dictes parties ont gréet et ottriet que nous prisissiens auoech nous nobles et honnerables hommes : Mons' *Ernoul* dit *Broyart*, signeur de Escaillon, chevalier et *Oston d Arbre*, escuyer, castelain de Bouchaing à celi jour....

[*Articles contentieux.*]	[*Prononcé.*]
[1] Premiers. Li articles dou nauiage de le riuiere d Escarp.	De tantes foys quantes foys leurs propres woit^{es} des nés les dis religieux passeront à Lallaing, parmi le winage de le dicte riuiere d Escarp et en le p'suitte dou dit winage, li dit religieux ne doiuent ne deuront riens de winage as dessus dis signeur de Lallaing.
[2] Li articles dou reget de le riuiere de Boussart.	De tantes fois quantes fois besoins sera dou reget de le dicte riuiere de Boussart regeter, li dit religieux le porront faire regetter dedens le ville de Lallaing et dehors, parmi loial damage rendant.

[3] Li articles de le justice des escluses de celi riuiere de Boussart et qui li justice est de ces escluses.

Li dis sires y a justice haute et basse, si auant que se terre dure jusques à lyauwe de le deuant nommée riuiere de Boussart. Et pour le raison de cou que li dis sires est hom de fief à le dicte eglise de Anchin et pour oster le horreur des dis religieux et de toutes personnes qui passeroient en celui liu, li dis sires ne si boir ne pooent, en ces dictes escluses, au les deca Lallaing, leuer ne faire leuer fourques pour pendre hommes, ne leuer roees, ne ardoir hommes ne femmes.

Li dit religieux les doiuent retenir à tous jours.

[4] Li articles des vij pons qui sont dedens le ville de Lallaing, dont li chuinch des pons dessus dis sont de pierre et li autres doy sont de bos.

[5] Li articles des riues et des escluses retenir de le dicte riuiere de Boussart.

Li dit religieux doinent ces dictes riues et escluses, dedens le ville de Lallaing et dehors, retenir de pel et de verge.

[6] Li articles des erbes faukier et traire hors de le dicte riuiere de Boussart.

[7] Li articles de le justice et des pissons pris en le dicte riuiere de Boussart.

[8 et 9] Li articles que on ne puisse amenuisier le cours de le dicte riuiere de Boussart, se ce nest par le gret des dessus dis religieux.

Li articles des buses que li dis sires de Lallaing a faittes sour le dicte riuiere de Boussart.

[10] Li articles des bos qui poeent empecier le cours de le nauie u de le peskerie de le dicte riuiere de Boussart.

[11] Li articles que on ne puisse faire nul nouuel pont sour le dicte riuiere de Boussart.

[12] Li articles que on ne puisse empeecher le cours del yaue de le riuiere de le Bais, en telle ma-

Poeent les erbes de le dicte riuiere de Boussart sakier hors.

Ont justice, peskerie et signerie haute et basse en le dicte riuiere de Boussart.

Li dit sires de Lallaing ne si hoir ne poeent, par buses, le dicte riuiere de Boussart de sen droit cours faire amenuisier.

Li dit religieux poeent copper tout le bos qui empecera le cours de lyauwe, le nauie ne le peskerie de le dicte riuiere de Boussart.

Li dit sires ne si hoir ne poeent faire, sour le dicte riuiere de Boussart, nul nouuiel pont.

Li dit sires ne si hoir ne poeent empecher le cours del yauwe de le dicte riuiere de le Bais, pr quoy

niere que li dicte riuiere
ne puisse tous jours paistre de yauwe le moulin de
Anchin qui siet à Lallaing.
Sauf chou ke, de le dicte
riuiere de le Bais, doiuent
à tous jours yestre abu-
uret doy viuier qui sont le
dit signeur de Lallaing,
cest assavoir : li viuiers
qui jadis fu prés dame
Mehaut et li viuiers as
Tourbieres.

[13] Li articles que li
dessus dit religieux dient
que il poeent les escluses
de le riuiere de Bouissart
retenir, en le dicte ville
de Lallaing, si haut il leur
plaist, toutes les foys que
il vorront.

Li articles que li dis
sires de Lalaing maintient
que li dit religieux doiuent
les escluses de le dicte
riuiere de Boussart retenir
et cuirrer de p^{re}, parmi le
dicte ville de Lallaing, à
lun lés et à lautre.

[14] Et li derrain arti-
cles est dou naūiage de le

li yauwe de celi riuiere ne
puisse tous jours venir au
moulin les dessus dis religieux, qui est à Lallaing
et paistre de yaue cel dit
moulin.

Li dit religieux poeent
retenir les escluses de le
dicte riuiere de Boussart...

Li dis sires doit auoir le
naūiage par tout en le dicte

dicte riuiere de Boussart, en le quelle li dis sires de Lallaing maintient que il doit auoir, pour lui et pour ses hoirs, à tous jours, en toutes coses, sen aise où nauiage de le riuiere deuant dicte.

riuiere de Boussart, pour nauyer tous bès, toutes laignes, toutes feuwilles (1) wareteries (2) raimme, laties, pierchès....

Auoech le accort, le auis que nous en auons eus à pluiseurs preudommes, hommes Monsr le conte, en le presence des deux parties, de leur consel et en le presence de *Eustasse,* signeur de Montigny, *Oston d Arbre,* castelain de Boucain à ce jour, *Collart* dit *Boulet de Le Motte,* escuyer et *Jehan* dit *Monnet,* clerch de le ville de Valenchiennes à cel jour...

[*Les parties scellent, ainsi que les deux arbitres.*]

Et nous : *Henris de Anthoing, Ernouls* dis *Broiars,* sires d Escaillon, *Robers de Mauchicort,* sires de Villers ou Tertre, PIERRES dis PERCHEUAUS *de Lallaing,* sires de Semeries, chevalier. *Eustasses,* sires de Montigny, *Ostes d Arbre,* castelains de Bouchaing, *Collars* dis *Boulés de Le Motte,* escuier. Et *Jehans* dis *Monnés,* li clers de Valenchiennes. Homme de fief à... Monsr *Guillaume,* conte de Haynn. et de Hollande.... [*scellent en leur qualité d'hommes de fief*].

Archives départ. Fonds d'Anchin; copie contemporaine, sur parchemin.

(1) Fagots.
(2) Mot qu'on ne trouve pas dans les glossaires. Viendrait-il de *waret:* jachère? et désignerait-il les objets ligneux qui poussent dans une terre en jachère?

XVII bis.

Nicolas, seigneur de Lalaing, chevalier du Roi, obtient de Charles V la confirmation d'une convention par laquelle les habitants de sa seigneurie acquéraient la jouissance commune du marais de Flines (dit des Six-Villes) avec les habitants de Flines, de Raohe, de Couiiches, d'Auohy, d'Orchies et de Bouvignies. — Paris, 1367 (vieux style) janvier (1).

KAROLUS, et cetera. Notum facimus uniuersis tam presentibus quam futuris, quod cum pridem bone memorie *Margareta*, tunc Flandrie et Hanonnie comitissa, cujus in hac parte nunc causam habemus, dilectis suis parochianis villarum de Flinis, de Rasca, de Coustices, de Auchi (2) et de Bouuegnies mariscum

(1) En 1460, alors que dans les provinces wallonnes on cherchait (évidemment pour plaire à la maison de Bourgogne) à effacer les traces de la domination française du XIVe siècle, le seigneur de Lalaing, en bon courtisan, fait honneur de la «franchise» des habitants de sa seigneurie dans le marais des Six-Villes au comte de Flandre, qui la leur aurait octroyée «pour les grans services qu'ils lui firent à la bataille de Rosebecque» du 27 novembre 1382. — Archives municip. de Douai, anc. lay. 90, f. 76 verso d'un cahier en papier.

(2) Le scribe a omis le nom d'Orchies, l'une des *six villes*.
La charte de la princesse Marguerite de Flandre, alors dame douairière de Dampierre et dame d'Orchies, de Bouchain etc. (devenue comtesse de Flandre seulement en décembre 1244) est datée du mois d'avril 1244 (après Pâques). — Voir le *Cartul. de Flines* de Mgr Hautcœur, Lille, 1873, in-8, I, p. 36.

de Fiinis, ad usum dictorum parochianorum et habi-
tatorum villarum predictarum, donasset et concessis-
set, in pabulis, herbis et aliis asiamentis, profectibus
et emolumentis, mediantibus certis conditionibus et
redibentiis, dicte comitisse ob hoc debitis, enarratis,
plenius specificatis et declaratis in litteris originalibus
super hujusmodi donatione factis, — quod mariscum
est contiguum et vicinum terre dilecti et fidelis militis nostri, NICOLAY, domini ville de Lalaing. Et cum
postmodum, ad requestam dicti militis, communi-
tates dictarum villarum, de communi assensu habi-
tatorum earumdem et quilibet eorum pro se, habito
super hoc consilio, per maturam deliberationem et
propter utilitatem communie eorumdem et profectum
euidenter apparentem, — prefato militi, tam pro se,
suis heredibus et successoribus, quam pro uniuersis
habitatoribus dicte ville sue de Lalaing, concordaue-
rint et perpetuo concesserint tale jus pascurandi in
dicto marisco et emolumentum habere, quale eis et
cuibuscumque ipsorum siue eorum heredibus pertinet
aut pertinere debet, in eodem virtute donationis predicte, soluendo et adimplendo contenta specificata et
declarata in litteris supradictis, a dicta comitissa sibi
concessis, — dictus miles, pro se et habitatoribus
dicte ville sue, nobis supplicare curauit, quatinus in
hiis nostrum vellemus prebere concessum eaque, de
nostra speciali gratia, confirmare.

. Nos antem, ad ea que utilitatem publicam respi-
ciunt et nemini inferunt injuriam siue dampnum,
supplicationi dicti militis nostri fauorabiliter incli-

nati, premissis attentis, ea laudamus, ratifficamus, confirmamus ac in hiis, de nostra speciali gratia et regia majestate, quantum in nobis est et juri nostro non derogatur, nostrum prebemus consensum pariter et assensum. Mandantes, tenore presentium, gubernatori Insulensi et Duacensi ceterisque justiciariis et officiariis nostris, presentibus et futuris, aut eorum loca tenentibus et eorum cuibuscumque, prout ad eum pertinuerit, quatinus eo casu, visis litteris dicte comitisse, secundum earumdem formam et tenorem, prefatum militem nostrum, heredes et successores suos ac habitatores dicte ville sue de Lalaing, nostra presenti gratia uti et gaudere pacifice faciant et permittant, contra ipsius tenorem eosdem nullatenus molestantes. Quod ut firmum et cetera, saluo et cetera (1).

Datum Parisiis, mense januario, anno Domini m° ccc° lxvij° et regni nostri quarto.

Sic sigillata. In requestarum hospitio.

P, CRAMETTE.

Archives nation. Trésor des chartes, reg. JJ 97, 1366-1367, folio 121, pièce iiij c lxxj, remplie d'abréviations et d'une écriture difficile à lire.
En marge du registre : « Confirmacio cujusdam priuilegii pro Nicolao, domino de Laloing, milite. »
A la table du même registre, fol. 6, au lieu de Lalaing, il y a « Loing ».

(1) La formule finale en usage alors était celle-ci : « Quod ut firmum et stabile permaneat in futurum, nostrum presentibus litteris jussimus apponi sigillum, saluo in aliis jure nostro et in omnibus quolibet aliano. » — Fol. 119 verso du même registre, pièce iiij c lxviij, acte de mai 1367.

Aux archives communales de Lalaing, sous le numéro 87 de l'inventaire de 1847, repose en double exemplaire un vidimus du lieutenant de la gouvernance de Douai du 2 août 1611, — de la charte du roi Charles V, de janvier 1367, traduite en wallon. Celle-ci a été publiée dans la *Notice historique et généalogique*, Douai, 1847, in-8, page 98.

XVII ter.

Consistance de la terre de Lalaing en 1410, d'après une déclaration du seigneur, messire Otte, chevalier, enregistrée à la cour féodale de Mons.

Hostes, sires de Lalaing et de Buignicourt, chevaliers, tient de moudit signeur le conte [*de Hainaut*] en fief ample, se ville, castiel, bassecourt et toutes les appertenances et appendanches de le ville de Lalaing, où il a haulte justiche, moyenne et basse, revenues en mortesmains, confications et parchons d'aubains et de hastars, en reliefs, en serviches, en homages. En j four à ban, j tordoir, j vivier, courtils, gardins, terres ahanaules, preis, pasturages, bois, sauchois. En coruwées de harnas et de bras. Ou courant de le rivière d'Escarp, despuis le pret de Lalaing jusques à le bonne au Keviron (1) ouquel courant il a toute justiche et wisnage de toutes den-

(1) Sur la pierre au Quéviron, borne de Germignies ou Longue-Horne, plantée en 1288 à Flines, au marais des Six-Villes, voir *Souv. de la Flandre wallonne*, 1° série, XVII, 160.

rées qui y passent. Et em pluiseurs cens, rentes,
tailles d'argent, de bled, d'avaine, d'oisons, de cappons et de poulles. Avoecq pluiseurs aultres menues
parties. Liquels fiefs lui puelt valloir en revenue
par an environ viij cl Lib. tournois.

[*A la suite, d'une écriture plus récente.*]

Il a relevet à cause du nouvel seigneur, Mons' le
bailli (1).

[*Autres additions.*]

Mons' GUILLAUME *de Lalaing*, aisnet fil doudit
seigneur, a relevet ladite terre et seignourie de l alaing,
de le succession de sen dit pere (2).

Messire CHARLES *de Lalaing*, filz de messire JOSSE
de Lalaing, a relevet ladite terre de Lalaing, comme
vray heritier(3). Et despuis, si comme ou mois de may
xv c xxij, il a relevé à la personne de l'Empereur
toutte ladite terre et seignourie dudit Lalaing, avec
pluiseurs autres partyes, comme erigées ensemble en
conté et pour, par lui et ses hoirs à tousjours, le

(1) Le duc Philippe le Bon, régent ou *bail* de Hainaut en 1427.
(2) Décédé à Lalaing en janvier 1441 (v. st.) le 13, d'après son
épitaphe.
M. E. Matthieu, d'Enghien, dans *La Reconnaissance, par les
états de Hainaut, de Charles le Téméraire*, Bruxelles, 1887,
broch. in-8, p. 10, note 6, a publié une déclaration semblable de
Guillaume, seigneur de Lalaing, enregistrée en 1474 à la cour
féodale de Mons. Est cité le « chasteau, forteresche » de Lalaing ;
le revenu est tombé à 800 livres.
(3) Soit après la mort de son père, tué en 1483; soit après le
décès de son cousin Jean, le dernier seigneur de Lalaing de la
branche aînée, arrivé en 1498.

4

tenir en conté et en fidelité et homage du pays et
conté de Haynnau et court de Mons, comme il appert
plus à plain ou cartulaire en papier où sont enre-
gistrés les xij pairyes de Haynnau et les biens
d'eglise dudit pays, folio 195.

Communication de M. E. Matthieu, d'Enghien, tirée
du registre des fiefs renouvelé en 1410 et 1411,
folio lxxv, reposant aux archives de l'État belge, à
Mons, dans le fonds de la cour féodale.

XVIII.

*Charles, seigneur de Lalaing, reconnaît que l'abbé
d'Anchin a exercé le retrait seigneurial d'un fief
lige mouvant de l'abbaye et consistant en une rente
de neuf muids de blé à prendre en la grange
d'Anchin et que l'abbé lui en a payé le prix. —
1495, 9 août.*

A tous ceulx qui ces presentes lettres verront ou
orront. CHARLES, seigneur de Lalaing et de Monte-
gny (1) chevalier, salut. Savoir faisons, comme monseigneur JEHAN de Lalaing, seigneur viagier de ladicte ville (2) se fuist et soit naguerres dessaisi et
desherité, pardevant les bailli et hommes de fief de
l'eglise et abbaye d'Anchin, de certain fief liege tenu
d'icelle eglise, se comprendant en neuf muys de blé,
mesure de Douay, qu'il avoit droit de prendre et

(1) Montigny-St-Christophe.
(2) Celui qui avait vendu Lalaing en 1481 à Josse de Lalaing,
père de Charles.

parcevoir, par chacun an, sur la grange de ladicte eglise d'Anchin (1) pour d'icelui fief nous aheriter et advestir et arriere en aheriter ledit Monsr JEHAN *de Lalaing* pour en joyr et possesser le cours de sa vie tant seullement.

Et il soit ainsi que, apres ladicte desheritance faicte, reverend pere en Dieu, Monsr *Guillame*, abbé de ladicte eglise d'Anchin, usant du droit seignourial de sadicte eglise, ait, par seedis bailli et hommes, fait retenir et reprendre ledit fief et icelui applicquier au droit d'icelle eglise, offrant nous rendre et rembourser les deniers que l'achat par nous (2) fait d'icelui avoit monté, avec leissier joyr ledit Monsr JEHAN *de Lalaing* desdis neuf muys de blé, le cours de sa vie seullement.

Et pour tant que nous avions fait ledit achat avec aultres parties (3) parquoy le pris d'icelui n'estoit point justement apprecié ne declaré, nous avons apointié et acordé par emsemble dudit pris, en telle maniere que mondit seigneur d'Anchin nous devoit payer et renbourser, pour le reprinse et retenue dudit fief, oultre et pardessus les droix seignouriaux en ce cas à lui appertenans, la somme de douze cens frans, seize pattars pour chacun franc.

(1) Rente créée en 1242 et alors stipulée payable sur le moulin de Lalaing appartenant à l'abbaye d'Anchin. *Preuves*, X.

(2) L'achat avait été fait non par Charles de Lalaing lui-même, mais par son père Josse en 1481.

(3) Parmi ces « aultres parties » achetées en même temps, figurait notamment la terre de Lalaing elle-même, mouvant en haute justice du comté de Hainaut.

Laquelle somme de douze cens frans icelui seigneur nous a presentement baillié et delivré comp-
tant : sy nous en tenons contens et en avons quittié
et quittions purement et absolutement mondit seigneur, sadicte eglise et tous aultres ausquelz quittance en puelt et doit appertenir à tousjours.

Par le tesmoing de ces presentes lettres seellées
de nostre seel armoyé de nos armes, le xixᵉ jour du
mois d'aoust l'an mil cccc quatre vings et quinze.

[*Sous le pli, signé.*] C. DE LALAING.

> Archives départ. Fonds d'Anchin, orig. en parch.
> muni d'un sceau armorial, dont il ne reste que des
> fragments, sur lesquels on aperçoit l'écu de La-
> laing aux losanges aboutées, supporté par des grif-
> fons et la fin de la légende: . . . .
> . . . . : *et: de: Monti*. . .

Dans le même fonds, il y a une commission donnée, le 22 juillet 1495, à un sergent du bailliage
d'Anchin par Damyen Torque *dit* Harpin, bailli
d'Anchin, constatant qu'autrefois « Mgr Jehan, seigneur de Lalaing », comparut devant lui et des
hommes de fief de l'abbaye, pour déclarer qu'il avait
vendu à « messire Josse de Lalaing », décédé depuis,
les fiefs qu'il tenait de l'abbé, savoir: la rente de neuf
muids de blé et « les marés que l'on dit Maletotes,
entre Pesquencourt et Lalaing », avec le droit de
« franc molu sur le molin de ladite eglise à Lalaing»,
— à en jouir après le trépas dudit « Mgr Jehan »,
lequel veut actuellement se « desheriter » au profit
de l'héritier dudit « messire Josse », — afin de de-

mander au bailli de Hainaut l'autorisation d'agir pour
forcer ledit « Mgr Jehan et messire Charles de Lalaing » à déclarer les prix de vente desdits fiefs. —
C'était pour pouvoir exercer le droit seigneurial de
retrait de l'un des fiefs consistant en une rente en blé,
retrait pour lequel les parties tombèrent d'accord,
ainsi qu'il résulte de l'acte du 19 août.

XIX.

*Dénombrement baillé à l'abbé d'Anchin par Charles,
seigneur de Lalaing, pour un fief lige mouvant
de l'abbaye et consistant en un marais appelé la
Malletotte de Lalaing, vers Pecquencourt et en
un droit de franc moulage sur le moulin à eau
de Lalaing appartenant à l'abbaye. — Château de
Lalaing, 1500, 30 juillet.*

Charles, barron (1) de Lallaing, seigneur de
Bracle en Flandres, de Tricht, Maing, Berles, Hun-
segnies, etc. salut. Savoir faisons que congnoissons
et advoons tenir en foy et hommaige de reverend
pere en Dieu, Monsr l'abbet d'Anchin et des religieulx de son convent ung fief liege se comprendant
en ung marez gisant assez pres de l'eglise et abbaye
dudit Anchin, appellé le Malletotte de Lallaing (2)

---

(1) Les seigneurs commençaient alors à usurper le titre de
baron; l'érection de la terre de Lalaing en baronnie ne date réel-
lement que de 1508. *Preuves*, XX.

(2) Les titres d'Anchin n'expliquent pas comment la Malletotte
devint un fief tenu de l'abbé par le seigneur de Lalaing.

en ottel forme et grandeur que noz predicessèurs,
seigneurs de Lallaing, le ont par cy devant joy et
possesset. Se comprendant aussy en ung francq moul-
laige que nous avons au moelin d'eaue appertenant
auxdis abbet et religieulx, gisant en nostre dicte terre
de Lallaing, en telle maniere que nous poons et de-
vons franchement engherner apres la premiere mou-
lée que trouverons engherner, sans pour ce riens ne
aucune debitte ne sallaire payer (1). Lequel fief en-
thierement a esté acquis, puis aucun temps, par feu
de bonne memore Mons' Jossn, en son temps seigneur
heritier dudit Lallaing, nostre pere, cui Dieu absoille!
à feu Mons' JEHAN, seigneur viagier dudit Lallaing
et, par leur trespas, à nous venu et escheu.

Sy en faisons, par cestes, nostre rapport et denombrement, sauf le plus ou le moins, se trouvé y estoit,
comme en dedens le terme à ce ordonné, par le tesmoing de ces presentes, signées de nostre main pour
le present, prommetiant par nous y appendre nostre
seel, apres que l'aurons fait renouveller ainsy qu'il
appertient (2).

(1) Une charte du mois d'août 1242 (*Preuves*, X) indique l'ori-
gine de ce droit de «franc moulage».
(2) Une procuration du mois de septembre 1499 fut par lui
signée, «en absence de son seel qui n'estoit encoires renouvellet
despuis la succession dudit Lallaing à lui succedée et escheue».
(Archives communales de Lalaing, N° 104 de l'Invent. Ms.)
Le nouveau sceau de Charles de Lalaing aura été appendu plus
tard au dénombrement du 30 juillet 1500, sur lequel, en effet, restent
les vestiges d'un sceau en cire rouge pendu à double queue de parchemin.

Faittes en nostre chesteau dudit Lallaing, le penul-
tiesme jour du mois de jullet l'an mil et chincq cens.
[*Signé, sous le pli.*] C. DE LALAING.

Archives départ. Fonds d'Anchin, orig. en parchemin,
sceau perdu.

XIX bis.

*Consistance de la terre de Lalaing vers 1505, avec
le détail de ses hommages, ladite seigneurie
mouvant en deux fiefs (1) du comté de Hainaut
et de la cour de Mons, d'après la déclaration de
Charles, seigneur de Lalaing.*

Messire CHARLES, baron de Lalaing, chevalier,
seigneur de Bracle, Parcq, Salardinghe, de Huns-
segnies, etc. tient de mondit S^r le conte (2) deux (3)
fiefz amples, si comme l'un d'iceulx (4) se comprendant en la ville, chastel, forteresce, bassecourt, baronnye, terre, justice et seignourye de Lalaing, où il
a seul toutte haulte justice, moyenne et basse, droix
de mortesmains, parchons de bastars et aubains et
confiscations, quant le cas requiert, reliefz et services
des fiefz et hommaiges qui tenus en sont, droix et
services seignoureaulx d'eritaiges de main ferme, à
la vente et nouvel heritier, dont les aucuns doivent

(1) Des modifications ont été apportées à la rédaction primitive,
pour établir que Lalaing ne constituait qu'un seul fief.
(2) Le comte de Hainaut, alors l'archiduc Philippe le Beau.
(3) Rayé: « deux » et ajouté en interligne: « ung ».
(4) Rayé : « si comme l'un d'iceulx ».

services à volluntez ou en la maniere que l'on paye
à Erchin et Ghesnaing (1). En cens et rentes d'argent, d'avaine, cappons, pouilles, oisons, monnoie
forte et duisienne. Item, le second (2) en une rente
de dix livres fors blans, con dist la taille Saint Remy,
que mayeur et eschevins sont tenus faire venir ens,
sur les heritiers et tenans de ladicte seignourye, pour
laquelle on rechoipt quattre deniers du denier et,
selon le chartre d'icelle ville, doit doubler en l'année
que le seigneur fait son filz chevalier ou alye sa fille
par mariaige. En amendes, loix, fourfaitures qui se
jugent, par ordonnance de chief lieu, à Douay (3)
haulteur et preminence de congnoistre de francque
verité. En la moittié de l'offertoire à l'autel, aux
quattre ataulx de l'an, partant contre le curet du lieu
et collation de pluiseurs cappelles et cantuaires. Dis-
mes, terraiges, four à ban, cambaiges de cervoises.
Terres ahannables, pretz, bois, hayes, sauchoix, che-
mins, warescaix. Corvées de chevaulx et de brach,
seignourye sur la riviere d'Escarpe, pesquerye, wis-
naige de touttes marchandises y passans, aussi ung
deu sur les passans au bacq, de piet et de cheval. Et
en pluiseurs autres beaux droix et seignourye, comme
de tous temps cy devant les predicesseurs seigneurs
dudit Lalaing les ont tenus et possessez.

(1) Erchin et Goeenain, seigneurie du chapitre de chancinesses
de Maubeuge, qui avait la collation de la cure de Lalaing et des
droits seigneuriaux dans ce village.
(2) Rayé : « le second ».
(3) Douai était le chef-lieu judiciaire de Lalaing, dont les juges
« allaient à enquête » suprès des échevins de notre ville, dans les
cas difficiles.

Lesquelz deux fiefz puellent valloir, chascun an, viij c l livres tournois.

De laquelle terre et seignourye dudit Lalaing sont tenus les arriere fiefz qui senssuivent.

PONTHUS *de Lalaing*, seigneur de Bugnicourt, tient dudit Lalaing ung fief ample se comprendant en sept rasieres de terres ahanables ou environ, jadis tenues en main ferme de ladicte seignourye de Lalaing, gisans, en pluiseurs pieces, ou terroir de Villers ou Tertre. Et puelt valloir, chascun an, environ dix rasieres bled, mesure duisienne.

Charles de Houchin, filz du Sr de Longhastre, tient ung autre fief et noble tenement se comprendant en xv rasieres trois couppes de terres ahannables ou environ, gisans ou terroir de Villers, en rentes d'argent, d'avaine, cappons et bled, en toutte justice et droix seignoureaulx touttes fois que les heritaiges tenans de lui vont de main en autre. Aussi en seignourye et hommes jugans, drois d'afforaiges et autres droittures. Lequel fief puelt valloir, chascun an, xxj livres tournois.

Toussain Thiremont tient de mondit Sr de Lalaing ung autre fief se comprendant en crestes et fossez con dist le Fosset à Bresmes, gisant audit Lalaing, sur pluiseurs devises contenues ou denombrement raporté. Lequel ne sert à aultre chose que pour rauwir lins et kanesnes.

[Suivent dix autres fieffés, pour des parcelles de terre à Lalaing, l'une désignée comme « une escroe d'heritaige ».]

Jacques, seigneur de Warlus, tient aussi de mondit seigneur ung fief liege se comprendant en une
maison, grange, marescauchies, terres, gardins,
pretz, pasturages et autres parties, gisant à Mauchi-
court,lesquelles terres montent en nombre cincq muis
sept rasieres trois couppes, mesure duisienne. Et
puelt valloir, chascun an, environ iiij xx livres
tournois.

[Suivent quatre fieffés, pour des parcelles, l'une
« qui se comprend en une portelette et ung fosset, à
la subjection d'aucune retenue, qui est de petitte
valleur ».]

Maistre *Jaques Vandecle*, escrignier, demorant à
Douay, tient de nouvel en fief de mondit Sʳ pluiseurs
parties de pretz, sauchois et courant d'eauwe, mar-
chissant à la riviere d'Escarpe. Aussy en une masure
empres l'eglise de [*En blanc*]. Le tout noyez, deghast
et de trespetitte valleur. Sur devise de les remectre en
valleur à son possible et payer pour une partye, dedens neuf ans, dix livres tournois et pour une autre,
cincquante solz tournois.

Phelippe de Momorency, seigneur de Saint Leux
et de Montigny en Ostrevant, comme mary et bail
de dame *Marye de Hornes*, tient dudit Sʳ de Lalaing
ung fief ample se comprendant es dependance de
sadicte seignourye de Montigny sur le pays de Haynnau, ou rieu l'Ermite, à present nommé le camp du
Rieu, aussi grant qu'il est, entre les bonnes. Aussi
en douze rasieres de terre en fons et en comple, entre

le longhe Bonne et l'abrissel Gruel (1). En pluiseurs
autres drois et justice. Et puelt valloir par an.....

Archives départ. Chambre des comptes, registre des
pairies de Hainaut, de 1502-3, H 28, papier, folies
iiij c lx et 461 à 463.

La déclaration ou la copie de la déclaration du seigneur de Lalaing est inachevée. Elle a été intercalée
(évidemment après l'an 1509; voir le numéro suivant) dans le registre des pairies de Hainaut; c'est
alors qu'on aura ajouté en tête : « Parye de Lalaing».
Plus tard encore (quand Lalaing eut cessé d'être pairie, vers le milieu du XVIIe siècle, au profit de la
terre de Petit-Quiévy, qui recouvra son antique dignité) on raya les deux premiers mots de cette addi-
tion : « Parye de ». Le registre des pairies de 1502-3,
ainsi que celui des fiefs ordinaires mouvant de Mons
(H 28) est formé en partie avec des déclarations ori-
ginales et signées, en partie avec des copies.

XX.

*Erection de la terre de Lalaing en baronnie pairie
de Hainaut avec annexion de la terre de Petit-
Quiévy (extraits). — Anvers, 1508 «avant Paques»,
29 mars.*

MAXIMILIAN...... et CHARLES...... [*l'empereur*

(1) Le seigneur de Montigny-en-Ostrevant est indiqué en 1459
comme vassal de celui de Lalaing, notamment pour «une tenue

Maximilien I et son petit-fils l'archiduc Charles, plus tard Charles-Quint.]

Comme de la part de nostre amé et feal chevalier de nostre ordre, conseillier et chambellan, messire CHARLES, baron de Lalaing, seigneur d'Escornaix *et cetera*, nous a esté remonstré par certaine sa requeste, comment il tient de nous, entre autres parties, en deux fiefz et nobles tenemens, ad cause de nostre conté de Haynnau et court de Mons, la terre et baronnye de Lalaing et la terre du Petit Kevy (1) tenue en parrye, lesquelles deux terres et seignouries iceluy remonstrant desire estre, d'icy en avant, possessèes en ung corps et par ung seul heritier, tant pour luy que pour ses hoirs et successeurs. Mesmes que, pour decoration de nostre dicte conté de Haynnau et court de Mons, ladicte terre et baronnye de Lalaing soit eslevée, douée et par nous erigée en fief de parie, au nombre des douze paryes de nostre dicte conté de Haynnau, ou lieu et en tel degré, honneur et prerogative qu'il tient presentement ladicte terre du Petit

d'eaue ou montée sur la rivière d'Escarp », à l'endroit où la seigneurie de Montigny « marchist à icelle rivière, entre la seignorie de Lalaing et la bourne au Quiéviron ». — Archives municipales de Douai, ancienne layette 90 ; écritures du seigneur de Lalaing dans un procès contre la ville ; cahier, folio 20 verso et autre cahier, folio 29.

(1) Par acte passé le 10 décembre 1507, à Mons, devant grand bailli, « pers » et hommes de fief de Hainaut, il reconnut avoir acheté la « parrie du Petit Kevy », à « demoiselle Jossine de Ville, vefve de feu Guillame de Hoves, demorante en la ville de Grantmont », à laquelle elle était échue après le trépas de son frère Josse de Ville (même registre, folio viij xx ix verso).

Quesvy et icelle terre de Kevy unye et annexée, comme en ung corps, à ladicte terre de Lalaing......

Avons, ou cas dessus dicts, lesdicts deux fiefs, terres et seignouries de Lalaing et du Petit Kevy joincts, incorporez, unis et erigiez..... en ung seul fief de parie, qui sera appellé et intitulé le fief, terre, baronnye et parye de Lalaing.... Pourveu toutesfoiz que icelui fief, baronnye et parie de Lalaing sera et demourra en telle nature de parye qu'il a tenu ledict fief du Petit Kevy jusques à present....

(Et sur le doz.) Ou jourdhuy xiij° de may an xv c et neuf, apres ostention à Mons⁽ᵉ⁾ de Frezin, grant bailly de Haynnau, du mandement d'annex des terres, baronnye, parye et seignourie de Lalaing et Petit Kevy, dont ou blancq de cestes est faict mencion, messire CHARLES, baron et per de Lalaing, chevalier de l'ordre, a de nouveau faict relief d'icelles deux terres, comme ung seul fief de parie....

Archives départ. Chambre des comptes, 18ᵉ registre des chartes, B 1612, folio viij xx xj; enregistré le 16 juillet 1513 avec cette mention en marge: « Erection et union des terres de Lalaing et du Petit Kevy en ung seul fief de parie. »

XXI.

Annexion à la baronnie pairie de Lalaing des terres d'Escaillon et de Bruille (extraits). — Gand, 1511, 25 mai.

MAXIMILIAN...... et CHARLES......
De la part de nostre amé et feal chevalier, conseil-

ler et chambellan, messire *Phlippes de Hennin*, seigneur de Boussut, de Haussy *et cetera*, nous a esté exposé que, pour le grant desir et affection naturelle qu'il a tousjours eue et encoires a presentement à l'accroissement et augmentacion de la maison, baronnye et seigneurie de Lalaing, de laquelle maison il est yssu et dessendu du costé maternel (1). Considerant aussi que, puis nagueres nostre amé et feal chevalier de nostre ordre de la thoison d'or, aussi conseillier et chambellan, messire CHARLES, S^r et baron dudict Lalaing, a acquis deux fiefz lieges, assavoir Escaillon et Bruisle (2) tenuz en hommage dudict exposant, de son fief, court, seigneurie et justice dudict Haussy. Ledict exposant est enclin, resolu et deliberé d'esclichier et desjoindre de sadicte seigneurie de Haussy... les hommages desdicts deux fiefs d'Escaillon et de Bruisle, pour et au prouffit dudict Sr de Lalaing, ses hoirs et successeurs, seigneurs et barons de Lalaing, affin que iceulx deux fiefz et hommages soient annexés, joinctz, unis et incorporez à ladicte seigneurie

(1) Le seigneur de Boussu était fils d'Isabeau de Lalaing (voir branche aînée, XI 6°) sœur du Bon Chevalier.

(2) Il lui furent vendus par François Rollin, chevalier, seigneur de Beaucamp, de Monestoy, de Savoisy, etc. en action de sa femme Jeanne de Bourbon, qui les avait eus dans la succession de Pierre de Bourbon, son neveu, fils d'Antoine, seigneur de Duisant, de Robersart, etc. Ainsi reconnu, le 3 avril 1510, devant bailli et hommes de fief de Haussy. (Folio viij xx xj verso du même registre.)

Jeanne de Bourbon était fille de Jeanne de Lalaing, épouse de Philippe de Bourbon, seigneur de Duisant (voir première branche, IX 2°).

de Lalaing et que icelle seigneurie en soit d'autant
augmentée......

... Par l'advis aussi et deliberacion de nostre tres
chiere et tres amée fille à nous empereur, dame et
tante de nous *Charles* , archiduchesse d'Austrice, du-
chesse et contesse de Bourgoingne, douagiere de Sa-
voye, regente et gouvernante *et cetera* et des gens de
nostre conseil privé lez elle....

Lesquelz deux fiefz et hommages ledict seigneur de
Lalaing, sesdicts hoirs et successeurs tiendront, des
incontinent ledict desclichement , desheritement ,
union et incorporation faits et de là en avant à
tousjours, avecq ladicte seigneurie de Lalaing, ses appertenances et appendances, de nous et de noz successeurs, contes et contesses de Haynnau et de nostre haulte court de Mons, en ung seul fief. Et que,
pour seureté de ce , cestes noz presentes lettres
seront enregistrées es chartres et registres de noz
fiefz de Haynnau et en nostre dicte chambre des
comptes à Lille..... (1).

> Archives départ. Chambre des comptes, 18ᵉ registre
> des chartes, folio viij xx xij verso ; enregistré le
> 16 juillet 1513.

(1) Par lettres patentes datées de Gand, le 28 mai 1511, le seigneur de Lalaing, — à la charge duquel avait été mis, « en marchié
faisant », le droit de quint dû par le seigneur de Boussu pour
la vente de l'hemmage d'Escaillon et de Bruille, — obtint la re-
mise de « tout tel droit de quind » qui pouvait être dû au domaine « pour ledit achat et annexion » (compte du grand bailliage
de Hainaut, 1510-1511, folio ij verso). En marge de ce compte, on
lit l'apostille suivante mise par la chambre des comptes de Lille,
à la vérification : « Ce don est contre les ordonnances, par lesquelles est ordonné que de telles parties ne s'en quicteroit que la
moictié. »

XXII.

Le baron de Lalaing incorpore à sa terre la Malletotte qu'il tenait en fief de l'abbé d'Anchin (extraits). — « *En Anchin* », *1519, 21 juin.*

Nous *Jacques de Montigny*, escuyer, signeur de Noyelle, de Villers, etc. *Jacques de Sucre* (1) escuyer, signeur de Bellaing, *Anthoine Gosscau*, escuyer, lieutenant de Bouchain, *Jacques de Lesclatiere* et *Jehan de Cordes* dit *de La Chappelle*, aussy escuyers, *Jacques d'Aix* (2) *Jehan de Lespierre* (3) et *Pol Sauthois*.... hommes de fiefs de la comté de Haynault..... Et aussy en la presence et au tesmoing de Mons' maistre *Nicaise Lalart*, PBre, chanonne de Saint Amé en Douay, comme notaire apostolicque et imperial......

Se comparurent personnelement reverentes et venerables personnes, Mess^m *Charles*, abbé de Saint Sauveur d'Anchin et tout le convent de ce mesmes lieu, cappitulairement en ladite abbeye pour che assemblés. Et hault, noble et puissant signeur, Mons' CHARLES, baron de Lalaing et d'Escornays, doien des pers de Haynault, S' de Heussignies, de Bracquele, etc. chevalier de l'ordre du toizon d'or. Et là endroit icheulx signeurs comparans.... dirent et cogneurent....

(1) Cf. Demay, *Sceaux de la Flandre*, N° 1637.
(2) Id. N° 3184.
(3) Id. N° 3327.

Premierement, mondit S' CHARLES, baron de Lalaing, pour tousjours augmenter, acroistre et meliorer sa baronnye, paierye, justice et signourie de Lalaing, a remonstré.... à mesdits S** abbé et convent d'Anchin, comment, de longtemps dont memoire n'estoit du contraire, luy et ses predecesseurs, signeurs de Lalaing, avoient tenu et tenoient d'icheulx abbé et convent d'Anchin ung fief liege se comprendant en ung maretz que l'on dist le Malletote et Hayronniere (1) de Lalaing, tenant du long la grand ryviere d'Escarp, d'ugne part et aussy du long la ryviere du Bouchart, d'aultre part, tierchement et de costé les Malettotes et praries de Germigniez appartenant à Mons' de Memorency, S' de Montigny et d'aultre à le Noire Voye, joindant les maretz communs de Pesquencourt. Aussy en ung droit de francq molage que mondit S' de Lalaing prent au mollin à eawe seant en la signourie de Lalaing, assis et molant de la ryvierette de le Baix, es droix et proffitz acoustummez, comme les anchiens appointemens et lettriages faits et passes par les signeurs abbés et convent d'Anchin et des predicesseurs signeurs de Lalaing.

Tout lequel fief, hommage et liegiet mondit S' de Lalaing requeroit, pryoit et demandoit estre du tout remis, reuny et reincorporé au gros du fief et signourie de Lalaing et que mesdits S** abbé et convent volsissent du tout donner, quicter et adnuller leur hommage liegiet, service et droictures qu'ilz avoient

(1) Hairon, héron, oiseau qui habite les marais.

5.

et pooient avoir audit fief de ladite Malletotte et francq
molage, lesquelz demoroient en la possession pro-
prietaire acoustummée ausdits signeurs de Lalaing,
leurs hoirs presens et advenir, comme les appointemens et lettriages portent, sans icheulx innover ne
hors mettre, fors que la quictance et adnullement
desdits hommages lieget et droictures.

Offrant et donnant ledit signeur de Lalaing bonne,
juste et equalle rescompense de milleur et aussy bon
fiefz liege que ladite Malletotte et francq molage est,
pour estre tenu de present en fiefz liege par l'hire-
tier et detenteur du fiefz de mesdis signeurs abbé et
convent d'Anchin. Lequel estoit et est tenu de present de la signourie d'Escaillon, des dependences de
la baronnye et paerye de Lalaing, se comprendant en
soixante chincq rasieres trois couppes de terres labourables ou environ, gisant au terroir de Brebieres
dela Douay et là entour, tout lequel fief est à le
cherge de soixante saulx de relief, le tierch de cam-
belage, le quint denier à le vente, service de court
et de plaix et, à le mort, cheval et armes. Lequel
fief est de present party et esclissiet en deux fief liege
par moitié, dont l'ungne des parties et pour la juste
moitié en appartient à noble homme ARTUS *de Lalaing*, chevalier, signeur de Hordaing, seneschal
d'Ostrevant, au proffit de madame sa femme et
l'aultre moitiet à *Jehan Rogier*, demorant à Estreez
lez Douay. Lesquelz de present sont deux fief liege,
lesquelz doihvent chacun telz relief, services et

droix que à fiefz liege appartient, selon l'usage de
ce pays et comté de Haynault.

Che bien consideré et entendu par mesdits signeurs abbé et convent d'Anchin, l'offre, don et rescompense que en volloit faire mondit signeur CHARLES,
baron de Lalaing, de l'hommage desdis deux fief
liege seans à Brebieres et cognoissans que l'eschange
estoit util, pertinent et milleur que l'hommage de
ladite Malletotte, ont.... donné, quicté, adnullé et
mis jus tout leur droit d'hommage, feaulté, reliefs et
droix qu'ilz ont et jamais avoir poront audit fief de
ladite Malletotte, maretz et Hayronniere, quictant
et adnullant du tout ledit hommage et y renunchant
au proffit de mondit Sr CHARLES, baron de Lalaing
et de ses successeurs. Lequel hommage de Maletotte,
maretz et Hayronniere il a remis et remet, des maintenant et present nous, lesdits hommes de fiefz, au
gros de son fief de Lalaing, pour par luy et ses hoirs,
signeurs de Lalaing, estre tenu et reuny en la feaulté
et hommage de la comté de Haynault et court de
Mons, dont ladite baronnie de Lalaing est tenue en
fief et hommage.

Et qusnt à la partie du francq molage, lequel estoit
comprins en ung seul fief avecq ledit hommage de
Maletotte, mesdits Srs abbé et convent ont iceluy
esclissié, separé et desuny et mis en ung aultre seul
fief ample, lequel fief ainsy esclissié mondit Sr de
Lalaing et ses hoirs, signeurs de Lalaing, doresenavant tendront de mesdits signeurs abbé et convent,
pour ledit hommage de francq molage, en ung seul

fief ample, à le coustume de fief ample, selon l'usage et coustume de Haynault. Et dont au jour de la dacte de cestes, mondit S^r en a fait le reliefz, droictures et hommages et bailliet son rapport, adveu et denombrement (1) au comptentement desdis signeurs abbé et convent. Lesquelz, au mesme jour, en ont rendu et delivré le recipissé en forme deube, scellée des seaux d'abbé et convent.

Prendant mesdits signeurs..... l'eschange..... fait par mondit Sr CHARLES *de Lalaing* des hommages desdis deux fief liege seant à Brebiere, pour doresenavant estre tenus par les heritiers desdis fiefz en hommage, comme de fief liege, desdits abbé et convent.... Et dont, au jour et dacte de ceste, pour sortir effet de ce prosent eschange et appointement, mondit Sr ARTUS *de Lalaing*, chevalier, Sr de Hordaing, seneschal d'Ostrevant, en a, ce jourdhuy, fait delivrer et baillier, present nous lesdits. hommes de fief, son adveu et denombrement scelé de son seau armoyet de ses armes.... Et parellement *Jehan Rogier*....

Mesmes a promis ledit Sr CHARLES, baron de Lalaing, de despeschier et garandir ladite eglise d'Anchin des amortissemens, nouveaulx acquetz et tous aultres empeschemens quelconques que l'on poroit demander à ladite eglise et abbeye, à cause de l'eschangement desdits deux fiefz....

Et mondit Sr CHARLES, baron de Lalaing, parelle-

(1) Voir le N^o suivant.

ment a fait seeller ches presentes de son seel armoyé
de ses armes......

Archives départ. Fonds d'Anchin, orig. scellé par
l'abbé, le couvent, le baron de Lalaing et les hommes de fief de Hainaut. — Du sceau du baron, il
ne reste qu'un fragment.

XXIII.

*Dénombrement baillé par le baron de Lalaing à
l'abbé d'Anchin pour le fief du Francq-Molage
(extraits). — Lalaing, 1519, 20 juin.*

CHARLES, baron de Lalaing et d'Escornais, doien
des pairs de Haynaut, seigneur de..... Bracquele
et chevalier de l'ordre de la thoison d'or.... advoue
à tenir..... d'Anchin un fief ample.... en ung
francq molage que j'ai.... sur le mollin à auwe que
mesdits Sᵣˢ d'Anchin ont en madite seigneurie et
mollant d'ungne petite eauwe qui se dist le [Baix.
Et est ledit mollin] subget de mouldre tous grains
quelconques qu'il fault pour la despence de men
chasteau et bassecourt et de la brasserye d'icelle place,
sans prendre moulture ne salfaire....

Archives départ. Fonds d'Anchin, orig. détérioré,
sceau manquant.
Cf. le dénombrement de 1535; *Preuves*, XXVI.

XXIV.

Convention entre l'abbé d'Anchin et le baron de La-
laing au sujet des ponts de Lalaing (extraits). —
1521, 14 juin.

A tous ceulx qui ces presentes lettres verront.
CHARLES, par la permission divine, humble abbé de
Saint Sauveur d'Anchin et tout le couvent de ce
mesmes lieu. Et CHARLES, baron de Lalaing et d'Escornaix , chevalier de l'ordre de la thoyson d'or.
Salut. Savoir faisons que, pour tousjours nourir
bonne amitié, conversation et hantise les ungs avecq
les aultres....

Sur le fait et appointement fait par cy devant par
noz predicesseurs, Mess⁹⁹ l'abbé *Jehan* et Mons⁰ SY-
MONS, seigneur de Lalaing, chevalier, en l'an mil
trois cens vingt six, le vingt sixsme jour du mois
de march (1) au quart article qui parolle qu'il y a, en
ladite ville de Lalaing, sept ponts, assavoir : chincq
de pierre et deux de bois, que l'abbé et religieux
d'Anchin sont tenus entertenir....

A la raison que aucuns des ponts, especialment
ung pont de pierre, lequel seoit oultre le pont allant
à le Sablonniere.... estoit mal seant et servant pour
aller et passer tant de fois le Buissart et que, venant

(1) *Preuves*, XVII.

de Pesquencourt à Lalaing, n'y avoit passage con-
venable.

Nous, d'un commun accord, avons.... acheté
ung passage et chemin.... pour, tout droit et sans
tourner cha ne là, cheoir à l'escluze de Pesquencourt,
venant de le Court à le Pierre et du molin d'Anchin,
lequel chemin n'est ne sera serfz que aux seigneurs
l'abbé, religieux d'Anchin, leurs subgectz de Pesquencourt et aux Srs de Lalaing et leurs subgectz, aller
venir de l'un à l'aultre. Et quant aux aultres....
ilz n'aront aultre joyssance de passer que ainsi que
usé en avoit esté auparavant cest appointement, de-
molissement et renouvellement dudit pont de
pierre.... Et par ce moyen.... l'abbaye.... est
quicte à jamais de plus entretenir.... les deux pontz
de bois qui seoient, l'un devant ledit molin et l'autre
sur le lieu et manoir de Ferin de present appartenant et où est assiz le jardin du chasteau. Lesquelz...
sont de present.... mis au neant....

Demorant en estre et estat l'anchien appointement
susdit.... touchant les chincq pons de pierre qui
sont en Lalaing, lesquelz de present sont en estat et
bonne continuation d'edifices de machonnerie, pour
passer et aller par desoure le Buissart, comprins le
nœuf pont fait ceste presente année, seant devant
ledit molin, sur le Court à le Pierre....

En tesmoing de ce, nous CHARLES, barron de Lalaing, avons ces presentes lettres seellées de nostre
seel armoyé de noz armes. Desquelles sont faictes
deux d'une mesme teneur et forme, pour chacune

desdites parties en avoir une : et sont cestes pour
l'abbé et convent. . . .

Archives départ. Fonds d'Anchin, orig. scellé. — Cf.
Demay, *Sceaux de la Flandre*, N° 1163.

XXIV bis.

*Erection en comté de la baronnie de Lalaing par
l'empereur Charles-Quint, en faveur de son conseiller et chambellan, chevalier de son ordre,
Charles, baron de Lalaing, doyen des pairs de
Hainaut, en 1522, vers le mois de mai.*

Nous n'avons pu découvrir les lettres d'érection,
qui n'ont point été enregistrées à la chambre des
comptes de Lille ; vainement les a-t-on cherchées à
Mons, ainsi que dans les archives de la sérénissime
maison d'Arenberg. Néanmoins leur existence est
attestée par une quantité de documents, ainsi que
leur date.

Pour former le nouveau comté, on réunit à la
terre de Lalaing « plusieurs autres parties » (voir
ci-dessus, XVII *ter*) assises au pays de Hainaut ;
cette circonstance fut rappelée vers 1574, lors des
négociations pour l'érection du comté de Berlaimont,
dont le titulaire demandait qu'il fût fait, dans les
lettres à formuler, une ample énumération des villages et des lieux à comprendre sous ce titre de
comté, « *quemadmodum in formula comitatus*

Lalainii expressum fuisse ait » (1). Quant au détail des annexions, il se retrouve dans les documents relatifs aux séparations successives.

C'était d'abord l'hôtel de Lalaing, à Valenciennes, en la rue Cardon, « parderrière ayant issue en le ruyelle que l'on dit Peauchelle », acheté par le seigneur de Lalaing avant 1518, rebâti en 1525 et qui en 1622 est désigné comme « une anchienne maison assez vague et grande, comblée de vieux ediffices consistant en salle, sallette, cuisine, court, jardin, grainge », quand le comte de Berlaimont, époux de Marguerite, comtesse de Lalaing, l'aliéna, en vertu de lettres patentes en date à Bruxelles du 21 juin 1622, attendu que « ledit comté a peu ou point de besoing d'icelle maison » (2).

C'étaient surtout les « ville, terre et pairie de Petit Quesvy, seigneuries d'Escaillon, Bruille, Prouvy, Hussignies et plusieurs membres et parties, le tout incorporé en ung seul fief, du temps de l'erection de la seigneurie dudict Lalaing en comté » et dont la séparation « du gros dudict fief de Lalaing », pour en former cinq fiefs, fut autorisée par lettres patentes datées de Bruxelles le 10 novembre 1650, en faveur du duc d'Arenberg, petit-fils et principal héritier de

(1) Papendrecht, *Analecta Belgica*, La Haye, 1743, in-4, I, 794.

(2) Brassart, *Notice Lalaing*, Douai, 1847, in-8, page 108. — Bibl. publique, Ms. 1183 *primo*, folio 183. — Arch. départ. 579 Reg. des chartes, B 1652, folio cxxxvij verso. — Id. comptes du grand bailliage de Hainaut, 1621-2, folio xj et 1622-3, folio vj.

de la dernière comtesse de Lalaing, décédée le 21 février de cette année-là. Prévoyant en outre le « cas de la vente de ladicte terre de Lalaing ainsy prinse à part », on faisait dire au roi d'Espagne : « nous ne serons submis de luy laisser autre tiltre que de barronnie » (1).

XXV.

Bornage des seigneuries de Lalaing et de Pecquen-court. — « *En la ville de Pesquencourt* » *1522, 23 juillet.*

A tous.... Nous CHARLES, humble abbé de Saint Sauveur d'Anchin, tout le couvent de ce mesmes lieu et CHARLES, comte de Lalaing, baron d'Escornaix, seigneur de Saint Aulbin en Douay, de Braquele, etc. doyen des pers de Haynn. chevalier de l'ordre de la thoyson d'or. Salut....

..... Pour paix, concorde, voysinage et bonne, vraye, enthiere amytié nourir entre nous.... avons.... donné pooir, auctorité et puissance, as-savoir : nous abbé et convent, à noz mayeur, esche-vins de nostre ville de Pesquencourt.... Et nous CHARLES, comte de Lalaing, à noz bailly, hommes feauldaux de nostre dite comté et seigneurie, desoubz declarez, de faire mectre, poser et asseoir deux bour-

(1) Archives départ. 72e Reg. des chartes, 1651-4, B 1667, folio xxij verso.

nes et assenses (1) l'une envers la riviere d'Escarp et l'aultre sur l'escluze du Buissart, pour avoir desreng, separation et division entre noz seigneuries, contre les pretz.... des Maletotes et du maretz commun de Pesquencourt, lesquelles Maletotes sont de present reunies.... au gros du fief de la comté de La-laing (2)....

Pour accomplir notres mandemens et requestes, nosdits eschevins et nosdits hommes de fiefs.... ont fait tous devoirs de loy et jugement qu'il convient et est pertinent faire à creer, planter, poser bonnes et assens, selon l'usaige et coustume de ce pays et comté de Haynn....

Apres ce fait, nosdits officiers.... ont assiz, mis, posé et planté deux pierres de gretz, lesquelles ilz ont creés et denommées bonnes, faisans les deffenses et inhibitions de point les transporter ne hors mectre, sur paine et amende à ce introduicte, selon l'usaige du pays et en ont posé l'une des bonnes envers la riviere d'Escarp susdite et l'autre sur l'escluze de Pesquencourt. Et ausdits devoirs faire y fut et a esté appellé *Jehan Belleverghe*, comme procureur et ad-voé de *Anthoinette Quarelle*, heritiere d'une partie desdites Maletottes, joindant ledit maretz commun de Pesquencourt, coutre et du long ung grant fossé qui se dit le fossé à le Noyre Voye, appartenant à l'eglise d'Anchin : lequel a consenty et accordé l'apposition

(1) De *assener!* mettre en place, disposer, assigner.
(2) Depuis 1519, *Preuves*, XXII.

desdites deux bonnes, pour autant que touchier pooit
à ladite *Anthoinette* et ses hoirs, nepveux à Monsr
Nicolas de Saint Raagon....

Nous abbé et convent et nous le comte de Lalaing
le tenons pour bien fait et accomply, advoant nosdits
officiers et accordant lesdites bonnes pour faire doresenavant desreng des limites de noz seignouries de
Pesquencourt et de Lalaing.... Dont en sont faictes
deux d'une forme, l'une seellée de nous abbé et convent, pour servir à Monsr le comte de Lalaing et
l'autre seellée de nous CHARLES, comte de Lallaing, pour
mectre es mains desdits sieurs abbé et convent et
chacune d'icelles seellées de bailly et hommes de fiefz
de Lalaing et, sur le ploy des lettres, signées du
clercq d'eschevins de Pesquencourt (1).....

Et nous *Loys de Le Croix*, cscuyer, bailly de Lalaing, *Jehan de Cordes* dit *de La Chappelle*, aussy
escuyer, *Jossequin de Latre* (2) receveur de Lalaing,
Jehan Ghellet, mayeur de Lalaing, *Nicolas du
Montcornu* (3) et *Robert du Quesne* (4) hommes de
fiefz de ladite comté.... avons appendu noz
seaulx....

> Archives départ. Fonds d'Anchin, original scellé. —
> Le sceau de Charles de Lalaing est pareil à celui
> de l'acte de 1521 ; le nouveau comte n'avait point
> encore fait faire de sceau en rapport avec sa très
> récente dignité.

(1) Signé sur le pli : « Boulangier ».
(2) Cf. Demay, *Sceaux de la Flandre*, N° 5662.
(3) Id. N° 2658.
(4) Id. N° 2659.

« Monsieur Nicolas de Saint-Raagon », cité dans l'acte comme oncle des « hoirs » d'Antoinette Quarré, était frère de l'abbé d'Anchin. Charles Coquin ou Cokin de Saint-Raagon, ce prélat qui nous apparaît si dévotement majestueux sur le fameux rétable de Jean Bellegambe.

Par lettres patentes datées de Bruxelles, en octobre 1531, fut légitimée « Claude de Saint Raagon, fille naturelle et illegittime de Charles de Saint Raagon, religieux et par luy engendrée au corps de Anthonnette Quarré, lors non mariée ». — Archives départementales, chambre des comptes, registre B 1742, folio iiij xx v.

Autres lettres, de Bruxelles, en décembre 1538, pour « maistre Jacques de Sainct Ragon dit Cocquin, chanoine de Sainct Donaes à Bruges, filz naturel et illegitisme de damp Charles de Sainct Ragon dit Cocquin, PBre et religieulx, par lui engendré au corps de Anthoinette Quarel, lors non mariée ». — Idem, 23e registre des chartes, B 1618, folio lviij verso.

Autres, de Gand, en mars 1539, pour « Pierre et Anthoine de Saint Raagon dit Cocquin, natifs du pays de Haynnau, filz naturels et illegitimes de Charles de Saint Raagon dit Cocquin, PBre, religieulx constitué en dignité abbatiale, par lui engendrés en la personne de Anthoinette Quarré, lors non mariée ». — Idem, folios vj xx verso et vj xx j verso.

Le 6 mars 1544 (vieux style) « en la ville de Bruille », devant maïeur et échevins de l'abbaye d'Anchin, « maistre Jacques de Sainct Raagon, PBre,

doyen et chanoine de l'eglise Sainct Pierre en la ville
de Douay, maistre Anthoane de Sainct Raagon, cha-
noinne dudit Sainct Pierre et Piere de Sainct Raagon, bourgeois et marchant, demeurant en ladite
ville de Douay, freres », contractent au profit de
« damoiselle Jehenne de Sainct Raagon, à present
femme et espeuze de Ferri Guyon, archier de corps
à l'empereur nostre sire » ; leur traité de mariage
ayant été passé devant auditeurs à Douai, le 4 janvier précédent ; ladite Jeanne « par avant vesve de-
mourée de feu Charles de Bouvincourt, au jour de
son trespas homme d'arme soubz la charge » du feu
prince d'Orange. — Fonds de l'abbaye d'Anchin.

Les noces de Ferry Guyon furent célébrées le 14
janvier, à Pecquencourt, en « la maison des ma-
rians ». — *Mémoires de Fery de Guyon*, Bruxelles,
1858, in-8, page 163.

XXVI.

*Dénombrement baillé par le comte de Lalaing à
l'abbé d'Anchin ; our le fief du Francq-Molage. —
1555, 51 octobre.*

CHARLES, conte de Lalaing, seigneur de Bracle,
de Sainct Albin en Douay, chevalier de l'ordre de la
thoison d'or et cetera.

Congnois et advoue à tenir en foy et homaige, de
Messrs abbé et convent de Sainct Saulveur d'Anchin,
ung fief ample gisant à Lalaing , se comprendant en ung franc mollage que j'ay et prens sur le

mollin à eauwe que mesdits Srs d'Anchin ont en ma-
dicte seignourie et mollant d'une petitte eauwe quy
se dist le Baix. Et est ledit mollin subgect de mouldre toux grains quelconcques qu'il fault pour la des-
pense de mon chasteau et bassecourt et de la brasserie
d'icelle place, sans prendre maulture ne sallaire nul.
Et ainsy et par ceste maniere en fay mon rapport et
denombrement, coume de fief ample, aux relief et
droictures coume la loy et coustume du pays et conté
de Haynn. porte, saulf le plus ou le moins, se trouvé
y estoit et tout par amendement.

Tesmoing ceste seelée de mon seel armoyé de mes
armes, le dernier jour du mois d'octobre l'an quinze
cents trente cinq.

> Archives départ. Fonds d'Anchin, original, sceau
> perdu. Avec un récépissé de l'abbé Charles, du
> 31 janvier 1595 (vieux style) le sceau perdu.

XXVII.

*Traité conclu entre l'abbé d'Anchin et Philippe,
comte de Lalaing, au moyen duquel ce dernier
réunit à son domaine le moulin banal de Lalaing,
aliéné (en 1242) par un de ses ancêtres (extraits).
— « Au lieu abbatial d'Anchin », 1573, 12
mai* (1).

(1) Sur l'affaire du moulin de Lalaing, voir Escalier, *L'abbaye
d'Anchin*, Lille, 1852, in-4, pp. 148, 266, 304, etc. d'après les
Ms. du prieur d'Anchin dom de Bar, reposant à la Bibl. publique
de Douai.

Comme il soit que, parcidevant et signament en l'an mil trois cens vingt six, se soient meus et suscitez plusieurs debatz et differens entre messieurs les religieulx abbé et couvent d'Anchin et les predecesseurs de hault et puissant seigneur, monseigneur PHILIPPES, conte de Lalaing moderne, baron d'Escornaix, Wavrin, etc. touchant divers poincts estans lors en difficulté et par especial touchant le droict et commodité de navigation que pretendoient lesdicts Srs de Lalaing par tous les endroictz et costez de la riviere du Bouchart, pour faire mener leurs bois, feuilles (1) et aultres, servans à leur usaige. Pour à quoy mectre fin, se seroit enssuivy certain arbitraige et compromis.... en date du xxvj^{me} jour de mars mil trois cens vingt six.

Ores d'aultant que depuis, par succession de temps, ladicte riviere du Bouchart, tant par incuriosité que pouttées (2) ou aultrement, auroit esté remplie, du moins reduicte en telle forme et estat, qu'il n'estoit aucunement possible d'y prendre et percepvoir, par leurs dicts S^{rs} contes, leur dict droict et faculté de navigation. A ceste cause, ledict S^r conte moderne auroit faict sommer ausdicts d'Anchin, qu'ilz euissent à repurger et nettoier ladicte riviere et le mectre en tel et sy suffissant estat, qu'elle fut navigable pour luy et les siens, pour y prendre ses aises et commoditez, comme dessus. Soustenant, par ledict S^r conte,

---

(1) *Feuilles*, fagots ; dans l'acte de 1326. *Preuves*, XVII.
(2) Terres amendées par les eaux.

que lesdicts d'Anchin, à cest effect, estoient astrainctz
et submis audict nettoiement et repurgation du Bouchart, en vertu de ladicte sentence et appoinctement
arbitral.

Et au contraire, par iceulx relligieux d'Anchin,
auroit esté dict et soustenu qu'ilz n'estoient subjectz
ny submis au faict de ladicte repurgation, par ce que
icelle charge n'estoit declairée ny speciffiée par
expres par ledict appoinctement....

Nonobstant quoy, auroit encoires ledict S' conte
persisté en son premier pretendu touchant ladicte
repurgation du Bouchart à la charge desdicts d'Anchin, disant que ce se povoit clerement elicher (1) de
ladicte sentence arbitralle, que aussy aultrement
sondict droict de navigation euist esté frustré et
illusoire.

Depuis lequel different et controversie sur le faict
de ladicte repurgation, se seroient representées et
retrouvées encoires quelques petittes aultres difficul-
tez entre lesdictes parties, touchant aultres poinctz,
de sorte que estoient apparantes d'entrer en grant
proces et debatz.

Pour à quoy obvier et entrer en appoinctement
amiable, ensamble tenir bon voisinaige, concorde et
correspondence, par ensamble, comme ilz ont faict
du passé, monsieur *Jehan*, abbé dudict Anchin, avec
les relligieux et convent dudict lieu et ledict S' conte,
aprez plusieurs pourparlez et communications tenues

(1) Mot qui manque dans les glossaires.

6.

à ces fins, se seroient accordé et auroient appoincté et transigé de leurs dicts nouveaulx debatz et differens, en la forme et maniere quy senssuyt.

Primes, que lesdicts d'Anchin..... quictent, cedent et transportent à tousjours et perpetuyté pour ledict S^r conte, ses hoirs, successeurs ou ayans cause, toutte la haulte justice, pescherie et aultres fruictz et emolumens en deppendans, qu'ils avoient à eulx appartenant audict fossé, riviere et canal du Bouchart, à commencher depuis la riviere de l'Escarp fluant de Rache et venant aval en ladicte terre de Lalaing, jusques au fossé exclusivement faisant cloture des bois dudict Anchin, allencontre de ceulx de Lalaing et de Montigny. Depuis lequel lieu en avant demourera ladicte justice, comme aultres prouffictz dudict courant et riviere, ansdicts relligieux d'Anchin, à la charge des refections, si avant que lesdicts d'Anchin en euissent besoing et s'en voulsissent servir.

Secondement. Lesdicts relligieulx..... transportent audict S^r conte..... hereditablement et à tousjours le mollin à eauwe à usaige de mouldre bled, qu'ils avoient audict Lalaing, avec tout tel droict de banaige que leur appartenoit sur les manans et habitans dudict lieu....... Ausquelles fins seront tenuz iceulx religieux mectre es mains et possession dudict S^r conte tous les tiltres et enseignemens qu'ilz ont chez eulx, concernans ledict droict de banaige, ou du moins copie autenticque d'iceulx. Pourveu neantmoins que le courant et riviere de le Baye sera tousjours entretenue par ledict S^r conte...........

deuement et en bon et suffisant estat et en telle sorte
et fachon que lesdicts d'Anchin ne soient discommo-
dez d'eauwe pour la moulture de leur mollin d'Anchin. A l'effect de quoy ledict mollin cedé..... demourera au mesme lieu et plache qu'il est scitué et
assiz presentement. Mesmes où ledict S' conte ou
sesdicts successeurs et ayans cause fussent intention-
nez de le transporter et mectre en aultre lieu et en-
droict, ce faire ne pourront que sur le mesme courant et riviere de le Bay, laissant toutesvoies le plain
cours et flux de ladicte eauwe libre et sans nul em-
peschement fluer et couller aval ledict nouveau mollin, droict en ladicte riviere du Bouchart et ce, par
le mesme canal quy y est presentement, pour ac-
commoder lesdicts relligieux pour leur dicte moulture audict Anchin......

Toutte laquelle riviere du Bouchart, depuis son
premier embouchement jusques au chasteau dudict
Lalaing, demourera en son cours anchien et accoustumé, en laissant fluer et arriver les ruisseaulx aussy
accoustumez d'y entrer. Et le cas advenant que ledict
S' conte voulsist cy aprez eriger aultre mollin sur
ladicte riviere du Bouchart, audict cas, le renvoy de
l'eauwe se rendera et rejectera en ladicte riviere du
Bouchart, sans que ledict S' conte le puist faire di-
vertir en la grande riviere de l'Escarp ny ailleurs,
ains le laissera descendre au·lict courant du Bouchart, pour avoir son cours ordinaire et venir audict
monastere, comme dessus.

Sy sera ledict S' conte tenu d'entretenir ledict

Bouchart de fons et de crettes suffissament, à commencher depuis ledit mollin banneret.........
jusques au fossé faisant la separation des bois dudict Lalaing et Montigny, arriere desdicts bois d'Anchin. Moyennant quoy, seront et demeureront à la charge desdicts d'Anchin les entretenemens des crettes dudict lieu en avant, jusques à leur dicte maison d'Anchin, si avant qu'ilz s'en vouldront servir. Parmy laquelle cession et transport du mollin banneret susdict, ledict S^r conte en recompense a promis et promect furnir ausdicts d'Anchin la somme de quattre cens florins, à applicquer et employer au bien et utilité de ladicte eglise.

..... Lesdicts d'Anchin ne pourront detenir les eanes à leur dict mollin d'Anchin plus hault que les pieux aultresfois fichez audict fossé, conformement aux concordatz anchiens faictz parcidevant .... en date de l'an mil cent soixante dix (1).

.... Lesdicts d'Anchin.... transportent audict S^r conte le droict qu'ilz ont en certain marisson scitué entre Rache et Lalaing.

Lesquelles parties ainsy cedées..... demoureront pour l'advenir incorporées et annexées au gros dudict conté de Lallaing........

Au lieu de quoy, ledict S^r conte.... accorde que lesdicts d'Anchin puissent estre libres et exempts du droict de vinaige pour leurs propres catheulx et provisions necessaires pour leur maison, passant es mec-

_____

(1) *Duo stipites ferro circumligati.* — *Preuves*, III.

tes dudict conté de Lalaing, soit que les vaisseaux où seroient lesdicts catheulx et biens apparteinsent ausdicts d'Anchin ou non (1). Comme aussy auront iceulx relligieux d'Anchin toutte franche navigation sur tout le courant dudict Bouchart, sy avant que ledict S^r conte y aura sa commodité.

..... L'entretenement des ponts dores en avant demourera à la charge dudict S^r conte et en seront deschargez lesdicts relligieux d'Anchin pour l'advenir.

Au regard du chemin quy est entre Pesquencourt et Bruylle, dont lesdictes parties estoient pareillement en debat, icelluy chemin demourera commun allendroict du tenement de chacune seigneurie d'icelles parties, selon la coustume generalle de Haynnau....

Au surplus, lesdicts relligieulx..... promectent ..... de faire expedier lettres pertinentes d'emologation..... des choses dessus declairées, par monsieur l'evesque diocesain, à la seureté dudict S^r conte (2).

Finablement, quant à la planche d'Escaillon, le different..... demourera sopy et estainct et la planche ostée ....

Archives départ. Fonds d'Anchin.— Double exemplaire sur papier, signé des parties, l'un portant au dos : « Enregistré au grand livre noir, folio 76 de la premiere table », l'autre : « Ac-

(1) Voir le N° suivant.
(2) L'évêque d'Arras donna son approbation le 29 mai.

cordt original entre monseigneur et les abbé et
relligieux d'Anchin ».—Copie de 1604, avec l'approbation de l'évèque d'Arras, extraite de « certain livre noir aulx contracts et arrentements
gisant au comptoir d'Anchin ». — Vidimus en
parchemin, délivré par échevins de Douai, le 9
juin 1573, de « lettres en parchemin » présentées
par le bailli d'Anchin, signées sous le pli :
« Phlos de Lalaing » et sur le pli : « Phles
Le Boucq » (1) et scellées d'un sceau en cire
rouge pendant; y étant annexée l'approbation
de l'évèque.

XXVIII.

*Le comte de Lalaing affranchit l'abbaye d'Anchin de
tout droit de passage à travers son comté et ses
annexes présentes et futures. — Anchin, 1573, 12
mai.*

Nous Philippes, conte de Lalaing, baron d'Escornaix, Wavrin, etc. declairons que, meu du bon zele
et affection et sincere conscience vers messieurs les
abbé, relligieulx et couvent d'Anchin, tant pour res-
pect de devotion, que les bons offices et memoires de
messieurs noz predecesseurs, que voisinaige, avons à
iceulx accordé et consenty, accordons et consentons
franchise et exemption de tous tonlieux, passaiges,
travers et aultres servitudes, par toutte nostre dicte

(1) Secrétaire du comte, plus tard greffier de Valenciennes.
Voir la généalogie de la famille Le Boucq, à la suite de l'*Histoire
des choses*, éditée par le chevalier de Ternas, Douai, 1857, gr.
in-8, page 280.

conté et es lieux et plaches dallenviron que, à l'ac-
croissance d'icelle, sera par nous ou noz hoirs acquis
à l'advenir, incorporé ou non incorporé à icelle nostre
dicte conté.

Et pour tesmoingnaige de nostre intention, avons
signé ceste de nostre nom, en la maison abbatialle
dudict Anchin, le douziesme jour de may xv c soixante treize.

« PHL⁶ˢ DE LALAING. »

Archives départ. Fonds d'Anchin, feuille de papier, signée.

XXIX.

*Lettre du comte de Lalaing à l'abbé d'Anchin, au
sujet de son moulin à eau de Lalaing et d'un
nouveau canal qu'il venait de faire, depuis ce
moulin jusqu'à la Scarpe, au préjudice du moulin de l'abbaye. — Mons, 1574 (vieux style) 16
janvier.*

Monsʳ. J'ay receu vostre lettre, d'Anchin, du 14ᵉ
de ce mois, par laquelle samble que vueilliez inferer
que le moulin de vostre maison seroit à faulte d'eauwe
pour ung petit canal qu'ay faict d'environ deux ou
trois piedtz de large, pour faire couller l'eauwe de
mon moulin dedens l'Escarpe. Ce que en ay faict, ne
pense avoir en riens contrevenu à l'appoinctement (1)
quy est entre vostre monestere et moy, d'aultant

(1) *Preuves*, XXVII.

que ne doubte que l'intention de feu Mons' vostre
predicesseur et de vostre cloistre n'estoit autre que
de me laisser joyr de mon moulin commil appertient,
aultrement la joyssance que me seroit donné dudict
moulin seroit nulle. Ce que je vous escriptz est pour
ce que sy ledict canal n'estoit, tant s'en faulte que
icelluy pourroit mouldre, ains se nieroit, à cause
que, pour l'avoir remis en son aistre, ay esté cons-
traincte de faire raprefondir ledict canal jusques au
vif fond. Et comme le fond dudict canal, vers vous,
est sy remply, qu'il empesche le cours de l'eauwe
qu'il vient du moulin, la faisant redonder sy hault
qu'il n'empesche seullement le mouldre, mais le nye,
j'ay esté forché de faire ledict petit canal, pour donner cours à mondict moulin, en attendant que aurez
faict aprofondir le canal de vostre costel, commil appertient.

Et comme j'espere bien tost venir à Lalaing, pour
le vous monstrer à veu d'oeil le tout, prieray le
Createur vous donner, Mons', en santé sa grace, me
recommandant affectueussement à la vostre.

De Mons, ce 16e de janvier 1574.

« V'' affectionné amy à vous obeir (1).

» Ph^les DE LALAING. »

A monsieur
    Mons' d'Anchin.

                Archives départ. Fonds d'Anchin, lettre missive.

(1) *Manu propria.*

XXX.

*Compte du receveur de la seigneurie de Lalaing
pour l'année 1684 (extraits).*

COMPTE qu'à Son Excellence, hault et puissant et
tres illustre prince, *Phlippes Charles François,* par
la grace de Dieu, ducq d'Arrenbercq et d'Arschot,
prince de Porcean et de Rebecq, marquis du Montcornet, conte de Lallaing et de Seveghem, baron de
Rathecain, Hiernicq, Converen, seigneur des villes
et pays d'Anghin, Hal, Brennes le Conte, etc.—fait
et rend *Florent Marmuse* (1) en qualité de recepveur
de ladite terre et comté de Lallaing, seigneuries
d'Escaillon et Bruille, depuis le premier janvier
1684 jusques au dernier du mois de decembre dudit
an (2).

LALLAING.

RECEPTE DES RENTES heritables en argens, pouilles, chappons, eysons, lin et avoisnes, chacun an,
au jour de Noel, Saint Pierre d'aoust entrant et
Saint Remy.

· En monnoye fort blan, dont la livre fait quatre,
le solz et les deniers à l'advenant. . . . . .

. . . . 27 livres 7 sols 4 deniers.

(1) Il était à la fois bailli et receveur.
(2) Aux archives communales de Lalaing se trouve le compte
de 1782, arrêté à Bruxelles, le 16 juin 1785 ; registre en papier.

Monnoye coursable..... [*Lieux désignés.*] Une orette du seigneur tenant au fossé à Briesmes (1). A Riscassart. Petit jardin devant le Presbytère, tenant à la maison de l'Escolle dite le jardin de Saintgbin (2). Jardin des Vignes. Jardin de l'Escolle des filles:

548 livres 5 gros.

Arrentemens des pretz des Maltaultes de Lallaing. Réuni à la table du seigneur.

Monnoye douisienne. . . . . 11 sols tournois.

Chappons, à 20 sols la pièce.

105 L. 16 gros ou sols et 8 deniers.

Chappons deubz à cause des rouissoires non arrentez. — Cense des rouissoires de Lallaing qu'ils ne sont arrentés, donnée à condition de rendre leal compte des personnes qu'ils ont rouys lin ou chanvres dans les eaux de Son Excellence : 20 chapons à dix patars chacun. . . . . 20 livres.

Chappons de desmasurages. — Consiste en ce que les manans de Lallaing sont obligez payer deux chapons de chacun manoir demazé, lequel manoir estant rediffié, lesdits chapons viennent à cesser et

---

(1) Brêmes ? poisson d'eau douce. « Fossés as Briesmes », près de la rue du Moulin et du ruisseau le Baix (compte de l'aumône de Lalaing, 1546, folio 8).

(2) En l'église il y avait la chapelle de Notre-Dame de Sainghin, celle où gisait le Bon Chevalier. Elle était aussi appelée chapelle de Lollive et possédai: à Sainghin en Mélantois le fief de Lollive, mouvant de la seigneurie dudit lieu (communication due à l'obligeance de M. Leuridan, archiviste de Roubaix).

ledit manoir paye le droit de four (1) : 110 chapons
à dix patars . . . . 110 livres.

Chapons de Maubeuge (2) : 7 chapons et un quart
à dix patars pièce . . . . 7 L. 5 gros.

Pouilles : 29 poules et demie et la sixième partie
d'une, à cinq patars la pièce.

14 L. 16 sols 7 deniers.

Pouilles à cause des rouissoires. Compris ci-
dessus.

Oysons : 138 et la huitième partie d'un, à douze
patars pièce. . . . . 165 L. 15 gros.

Avoines : 4 muids une rasière une coupe deux
quareaux et le quart d'un quareau, à 45 patars la
rasière . . . . 222 L. 5 gros 1 denier et 4 oboles.

Lin : 9 pierres et 5 livres un quartron et demi, à
dix sols la livre. . . . 56 L. 13 S. 9 deniers.

Taille de Saint Remy. — Des manans et habitans
et subjets de mon seigneur en sa conté de Lallaing,
pour une taille de rente heritiere qu'ils doibvent,
chacun an, à Son Excellence, au jour Saint Remy,
de laquelle les mayeur et eschevins font assiette sur
iceulx et sont obligés faire venir ens. Portant ladite
rente dix livres fort blan, qui vaillent, à monnoye de
ce compte à quatre pour une livre : 40 livres (3).

---

(1) Le 21 juin 1512, le seigneur fit un règlement interprétatif
pour son droit de « desmasuraige » (archives communales, N°
109 de l'inventaire).

(2) Le chapitre de Maubeuge avait la collation de la cure de
Lalaing.

(3) Art. 39 de la coutume : « ladicte ville » doit au seigneur,
« pour le taille », au 1er octobre, « dix livres de blans», évaluées
en 1596 « quarante livres tournois, monnoye de Haynnau ».

Soit memoire que, par la chartre de Lallaing, est
déclaré que, s'il arrivoit que le seigneur dudit Lallaing fist son fils chevallier ou mariast sa fille, ladite rente de 40 livres redoubleroit pour ladite année seulement (1). Par ainssy, comme madame la
ducesse at marié sa fille (2) au marquis de Grauna,
l'an 1683, ladite rente at redoublé pour ladite année.

Droict de rachapt de four. — D'aulcuns heritiers
de Lallaing quy, de loing temps, ont rachapté leur
droict de four à bancq, paravant l'accord general fait
par les autres manans. . . . . . 53 gros.

D'aultres heritiers subjets au seigneur, tant vef-
ves qu'aultrement, pour rachapt de four à bancq,
quy se sont submis payer dix sols tournois par chacun an, au jour de Noel, pour avoir four en leur
maison ou pouvoir cuire où bon leur semble. A cause
de quoy mondit seigneur s'est obligé payer, tous les
ans, pour ses subjets, les gaiges du clercq paroîs-
sial de Lallaing. Et ainssy accordé, moyennant ce,
à tous sesdits subjets les passaiges qu'ils debvoient,
avant cest accord, au pont ou bacq (3) de Lallaing,

(1) Article 39 de la coutume.
(2) Marie-Thérèse d'Arenberg, née en 1667, fille aînée de Char-
les-Eugène, duc d'Arenberg, mort en 1681 et de Marie-Henriette
de Cusance.
(3) En 1506, quand l'accord fut fait entre le seigneur et ses sujets, il n'était question que du « bacq ». Le pont ne fut construit
que beaucoup plus tard.
En 1278, l'abbé d'Anchin, à la prière de la comtesse Marguerite, fit refaire le « bach à Lalaing », ainsi que, le constatent des
lettres de non préjudice délivrées, en septembre, par la comtesse
à l'abbaye.—Collection Moreau, volume 202, folio 114.

sans qu'iceulx soient obleigés payer aulcunes choses.
Mais en consideration, la loy (1) au nom de la communaulté du lieu, est obligé d'entretenir et faire rediffier ledit pont ou bacq, touttes fois que besoing
sera, à charge que mondit seigneur, ses hoirs et successeurs demoreront obligés livrer le bois qu'il fauldrait. Comme apert par la chartre generalle de Lallaing (2). Lesquels manans subjets de payer dix
gros de four, le nombre est de 84 fours, faisant :

42 livres.

Aultre recepte tant des rentes redimables
que irredimables creés de loing temps sur divers
biens erigés de main ferme en fief, du consentement
du seigneur, — tant sur ses districqs, que sur aultres heritaiges, ha'neau d'Anhieres, villaiges de Lewarde, Erchin, Villers au Tercq et Montigny, qui
sont hors du jugement et eschievinaige de Lallaing.

Premiers. Pour rente heritiere sur le fief de
Cordes, tenu à 60 gros de relief, se comprendant en
une maison, terres et prairies, comprins aulcunes
parties de main ferme incorporées audit fief, — portant. . . . . . . 18 livres 2 sols 6 deniers.

Sur le fief du Montcornu, se consistant en une
maison et heritage, y comprins les murailles de la
tour de le Barre et douze rasieres de terres laboura-

(1) Le maire et les sept échevins, autrement dit, le magistrat.
« En le ville, doit avoir mayeur sermenté au signeur et à le
ville » ; art. 10 de la coutume.—L'élection des échevins avait lieu
tous les ans, le 1er janvier; art. 2.

(2) Cf. art. 36 de la coutume de l'an 1360 et les modifications de
1506.

bles et à bois. Et est fief ample, à 60 gros de relief :
. . . . 21 livres.

Sur un fief à 60 gros de relief, se consistant en
une crette de fossé nommé le fossé de l'Apostelle (1)
et une rasière de terre y compris deux coupes de
main ferme, — chargé de trois sols douisiens pour
ladite crette et 31 gros pour et sur ladite rasiere
tenante au Bouchart. Par an. . . . 32 gros.

Sur un fief ample, à 7 sols de relief, se comprendant en une maison et heritage sortie du four à
banoq, tenant au fossé et issue de l'eau des Bas
Bois : auquel tous taverniers sont tenus prendre pain
blanc et aultre, pourveu qu'ils soyent aussi vaillia-
bles qu'es villes voisines (2). De rente. . 5 livres.

Pour rente heritiere sur un fief ample, à 60 gros
de relief, se consistant en une maison et heritage
contenant une rasiere de terre devant le château, à
charge de tenir auberge et avoir bonne provision
pour loger gens de pied et à cheval. Et au cas qu'il
n'auroit la puissance, le seigneur le peult reprendre
par priserie. . . . . . . 5 livres 8 gros

Sur un fief à 60 gros de relief, se consistant en

(1) Apôtre.
(2) Art le 36 de la coutume, modifié en 1506 : « Tous taverniers, carbaretiers, huissigniers et aultres, vendans ou non vin ou
cervoise, en notre ville de Lallaing, dores en avant prendent pain
à no fournier lonagier, pourveu que ledit fournier sera tenu de
faire bon leal pain et bonne denrée, comme aux villes voisines.
Et sil est trouvé en deffault et que plainte sen suist, nous volons
que le fournier soit mis à lamende de soixante quatre sols tournois, monnoye de Haynnau et le denrée perdue. »

une maison et heritage tenant au fief precedent :
. . . . 20 gros.

Pour rente irredimable sur une brasserie et ustensilles et heritages amasez, exclipsez hors du fief de Beaumaret, tenant au Bouchart et à la ceimetier, où mon seigneur a reservé le droit de la brasserie banerelle (1) qu'il a toujours eu, pour ses subjets et manans. . . . . 8 livres.

Autres trois rentes....... devant le pont Vassin Ghuellet (2).

A Anhieres, sur un manoir tenant au maret des Six Villes et à la ruelle du Mollin....

A Lewarde, sur deux coupes d'heritage, tenant à sept rasieres du seigneur et à frond de rue......

A Villers au Tercque, l'eglise dudit Villers doit, sur sept rasieres d'heritages en diverses pièces, où Son Exc. a droit de confiscation, d'aubains et bastard, selon la loy et coustumes du pays et conté d'Hainault et celle de Lallaing (3).....

A Erchin, de l'église Saint Pierre en Douay, sur 13 rasieres 2 coupes de terre en diverses pièces, qu'elle tient en fief, etant tenue livrer homme vivant et mourant, touttes fois que le cas y eschiet,

(1) Banale.
(2) Jean Ghellet dit Boisset était maire de Lalaing en 1520.
(3) Des actes de 1331, 1361, etc. constatent que le seigneur de Lalaing avait à Villers et Erchin une juridiction dépendant de l'échevinage de Lalaing (archives comm. Nos 5, 6, 8, 9 bis, 9 ter). — Il y possédait en outre deux hommages; voir le dénombrement de Lalaing, numéro suivant.

ledit fief à lx sols de relief. Chacune rasiere chargée
de 4 deniers fors blancs de rente :   18 sols 1 denier.

À Pecquencourt, sur un jardin et pourpris tenant
à la voye des Tourniches, apparant par lettres du
premier de may l'an 1502.......

AULTRE RECEPTE pour divers drois competant à
Son Exc. en sa comté de Lallaing.

Les droits de maltaulte de trois gros à la tonne de
biere deubz à mon seigneur par ceulx quy debitent
biere audit Lalaing, à cause de sa brasserie banne-
relle. Passée à ferme et demorée ladite maltaulte
pour 17 livres par an.

Droict d'aubanité. — Consiste en ce que toutes
personnes estrangieres venant à resider à Lallaing
sont obligeez de payer, tous les ans, au seigneur,
un chapon et, à la mort, le meilleur cattel quy se
prend par le seigneur à son choix, quand les moeu-
bles du defunt excedent la valeur de 30 livres. Mais
en dessoubs, l'heritier a le premier choix et le seigneur apres lui. Et s'il arrivoit aulcuns aubains def-
faillians de payer ledit chapon, le seigneur peult
prendre la moitié de tous leurs biens et heritages.
Pour le chapon, 20 sols.

17 payants. 8 defaillans.

Droict de meilleur cattel. — Durant l'an de ce
compte, il n'est mort aulcuns aubains.

Droict de sur hotte et sur hotesse. — Tous hotte
ou hottesse estrangier et demorant en la maison
d'aultruy et à louaiges, en la terre et seigneurie de
Lallaing, doivent, par an au jour de Noel, une

pouille. Et s'allians par mariage audit lieu et y achaptant maison, sont acquittez dudit droict (1). — Dans Lallaing il n'y a aucun hotte ni hottesse estrangier qui n'ayent maison.

Droict d'offertoire. — Consiste en ce que, aux quatre fêtes principales de l'année, savoir : Pasques, Pentecoste, Toussaint et Noel, les manans sont obligés offrir, à la grand messe esdits jours, trois deniers qui se repartissent entre le curé et le seigneur. Dont, pour cest an, pour la part de Son Excellence. . . . . 34 gros 6 deniers.

Droict de vasseaux d'aps (2). — Consiste en ce que les vasseaux d'aps, ditte mouche à miel, trouvez dans la comté de Lallaing, le seigneur en a la moitié, contre celui qui la trouve. — Pendant l'an de ce compte, il n'est point venu à la cognoissance de ce compteur que personne n'en ait trouvé.

Droict de cignes, herons, etc.—Consiste en ce que ce compteur advertit que, durant l'an 1684, n'a esté trouvé aucuns cignes, hérons, butors, limogés (3) pesches, venant des guarennes de Son Excellence. Et que s'il arrivoit qu'aucun destourberoit ou feroit destourber les cingnes, il en escheroit à 20 sols d'amende et, s'il est forain, à l'amende arbitraire (4).

(1) Art. 20 de la coutume.
(2) Essaims d'abeilles. Eps, abeille; du latin apes. Vaisseau, vase quelconque dans lequel on reçoit un essaim.
(3) Faisans.
(4) Art. 31 de la coutume : « Saulcun homme ou femme destourboit ou faisoit destourber par luy ou par aultruy les chianes

7

Et qui destourbroit lapins ou perdrix, en escheroit à
10 sols d'amende (1). Apparant par la charte du lieu.

Durant l'an de ce compte, il n'y a eu nuls che-
vaux quy ont pasturé dans les bois (2).

Et au regard des glands, il ne s'en faict aulcuns
profficts, d'autant que tous les chesnes sont abastus
doy l'an 16C7.

AULTRE RECEPTE pour fermes muables.

Pour le petit jardin et heritage ci devant amazé,
tenant au pont de Lallaing, avec le droit de vinaige
qui se leve sur les nefs passant audit pont et sur la
riviere d'Escarps, compettant à Son Excellence, sur

du seigneur, il escheroit au forfait de vingt saulx de duisiens et
le domaige rendu par le dit deschevins. » Interprétation de l'an
1506 : « Pour vingt sols de duisien, six sols quatre deniers tournois. »

Art. 32 : « Quiconques tueroit ne feroit tuer, il queroit el forfait de soixante saulx de duisiens et le domaige rendu par le
dit deschevins. » Interprétation : « Pour soixante sols de duisien,
vingt sols tournois. »

Pour le privilège du seigneur de Lalaing d'avoir des cygnes
sur la Scarpe, voir *Bulletin de la soc. hist. de Tournai*, Tournai, 1856, in-8, IV, p. 19.—La marque distinctive des cygnes de
Lalaing était une croix de saint André en travers du bec.

(1) Art. 33 : « Quiconques destourberoit lymoges, pertrix ou
cognins, il eesqueroit el fourfait de dix saulx de duisiens. » Interprétation : « Pour dix sols de duisiens, trois sols quatre deniers
tournois. Sans comprendre en ces articles d'amendes les afforaiges, desquelx en sera usé comme est accoustumé. »

(2) Art. 22. « Les embestes seront trouvés au bois le seigneur
sans warde ou atout warde, qui si consent, chilz eu celles qui
che seront, debvera pour elles rachapter deux saulx de blans. »
Interprétation : « xxv deniers ob. tournois et le domaige rendu
par dit deschevins. Mais aus afforains, lesquels ne sont manans
soubz notre eschevinaige, en sera usé comme dessus. »

les herens et aultre deulreie (?) que Son Excellence a reservé à soy et les deux lots de vin qui se prennent sur chascunes nefz quy passent sur ladite riviere, que le bailly retient à soy pendant l'absence du seigneur. A charge de par le fermier se bien et debemment conduire à la recepte desdits droictz (1) et de bien nettoyer le pont quand besoing est. — Au rendage de 25 livres par an et pour deux vintiesmes par dessus la demore, l sols. Item, pour vin par dessus la demore, stipullé par la criée, lx sols.

Pour la petite maisonnette de la porte de le Barre, à condition de la faire recouvrir à ses frais: 4 livres.

La grange du château est demorée à passer, faulte de mise à prix.

Et quant aux coullombiers du chasteau, il ne s'en fait aucun proffit, d'autant qu'ils sont tous ruinés par les guerres.

Pescheries. — Premiere partie de pescheries de la riviere d'Escarps, commenchant au Vieux Vinaige (2) jusque au pont, au rendaige de . . . 25 livres.

---

(1) « Chest chou ke me sires Nicholes de Lalaing doit prendre à son wienage à Lalaing », avec le tarif détaillé, de l'an 1271. — Tailliar, *Recueil d'actes*, Douai, 1849, in-8, p. 477. « Del chent de herens, un herenc » (hareng), p. 479.

Dans un procès de l'an 1461, il est dit que « ci devant la riviere coulait contre le château. tellement qu'on mettait le vinage dans une bourse pendue à une perche attachée à l'une des tours du château de Lalaing ». — Archives de la ville de Douai; N° 1042 de la *Table chronologique*, Douai, 1842, in-8.

(2) Vers Frais-Marais, terroir de Douai, où finissait le vinage du « pont de Raisse » ou Rache.

Deuxieme partie, commençant audit pont jusques à la Court à la Pierre (1) . . . . . 24 livres.

Troisieme et derniere, depuis la Court à la Pierre jusque à la Grosse Borne (2) . . . . 19 livres.

Premiere partie de pescherie du Bouchart, commençant au bois d'Anchin jusque au pont du Mollin . . . . 20 livres.

Deuxieme partie dudit Bouchart, depuis le pont du Mollin jusque au pont de *Theodore Boullaron*: 43 gros.

Troisieme partie, depuis ledit pont jusqu'au pont *Lucq Tranchant* . . . . 14 livres.

Quatrieme et dernière partie, depuis la precedente jusque la Pasturelle . . . . 4 livres 1 gros.

Pesche du courant du Mollin dit le Bay : 14 livres.

Quant à la pescherie du courant de Sin le Noble et celui des Arsins, ils sont demorés à passer, faute de mises à prix.

La pescherie du courant du Tordoir n'a été passée, d'autant qu'il est rempli de boue et par ainsi sans poissons.

Et quant aux pescheries des Maltaultes et des Bonnieres, elles ne sont plus passées en pesche, mais lesdites Maltaultes sont affermez pour six ans et les Bonnieres se passent tous les ans, au profit de Son

(1) « Lieu et place » appartenant à la commune. Numéros 88, 88 *bis* et 88 *ter* de l'invent. des archives comm. de Lalaing, années 1531-1533.

(2) Probablement la borne au Quéviron, du marais des Six-Villes, en aval du terroir de Lalaing, où commençait le vinage du seigneur de Warlaing. — Voir *Souvenirs de la Flandre wallonne*, 1re série, XVII, p. 160.

Excellence et par consequent sont sans poissons.
Voir au chapitre des prairies.

Au regard de la pescherie des fossés du chasteau,
le bailly en jouit comme emollument de son office.
Mais sont à present sans poissons, depuis que les
murailles ont eté bouleversées dans lesdits fossés (1).

Item, jouit de même du vin provenant du vinaige,
passant au pont et sur la riviere d'Escarps, pendant
l'absence du seigneur (2).

Il jouit aussi des chingles du jardin du chasteau,
comme aussi du jardin dit le jardin à Cardon,
derriere la grande grange du chasteau. Et finalement
il jouit du jardin des Vignes, contenant un bonnier.

Quant au droit que le seigneur souloit avoir sur les
ventes des grains, il ne se fait plus marché audit
Lallaing. [*En apostille.*] Soit gardé le droit de deux
pattars à chasque rasiere qui se vend au lieu, quand
le cas arrivera.

Le mollin à l'eau de Lallaing (3) au rendage, par
an, de . . . . 170 livres.

Terraiges. — La disme et le terraige compettant
à Son Exc. qui se levent sur le terroir de Lallaing (4)

(1) Le 31 mai 1674, quand on fit sauter l'antique donjon de
Lalaing.

(2) Cf. plus haut, l'article du vinage.

(3) Aliéné au profit de l'abbaye d'Anchin par un seigneur en
1242; réuni au domaine de Lalaing en 1573. — Voir ci dessus,
numéros X et XXVII.

(4) Art. 6 de la coutume : « Quiconques emportera le terraige
du seigneur, il sera à soixante saulx de bians. »

En 1211, un seigneur de Lalaing avait cédé sa dime à l'abbaye
d'Anchin. *Preuves*, VII.

au rendaige, par chatun an, de. . . 120 livres.
Terres labourables.

Six rasieres en diverses pieces, proche la cense de
le Baye, au rendage de. . . . . 40 livres.
Treize coupes. . . . . . . 36 livres.
Pour rendaige des cauques du seigneur, conte-
nant trois rasieres. . . . . . 24 livres.
Sept coupes dits le camp des Loups et le camp de
la Justice. . . . . 18 livres.
Le camp Madame, contenant six coupes: 13 livres.
La Sablonniere. — Ne s'est trouvé personne pour
la prendre à ferme depuis que, doy le 20 janvier
1679, il a été interdit au nommé Dubois, qui l'avoit
affermé pour trois ans des mains des François (1).
Prairies.
Les Bas Viviers; le pret de Lannoye.
Pret des Arbaneris. Le pret de l'Hospital, enclavé
dans les Haults Pretz.
Bonnieres. — 5 bonniers et la Petite Rasiere. Le
pret Monsieur. 4 bonniers. 7 bonniers. De la commune du village de Vred pour rendaige des 17 bonniers dits les Endrelins. La cauque du Dieu Jacques.
Pretz de Maltaulte. Les Maltaultes de Lallaing,

Le chapitre de St-Pierre de Louai y levait aussi une dîme, qu'il
eut de très haute antiquité et qui, lui ayant été ravie, lui revint,
grâce au seigneur de Montigny, en 1217. Elle était louée au curé
de Lalaing, en 1781, pour 160 florins, plus 20 florins de pot de
vin (Bibl. publique de Douai, Ms. 1066, I, folio 24 verso et II,
folio 122).

(1) C'est-à-dire pendant que la terre de Lalaing était confis-
quée, à cause de la guerre, sur un ennemi de la France.

tenant au maret de Pesquencourt. Les pretz des Chignes au Mont Mouchon.

Haultz Pretz, partie à prairies et partie à laboeur. — Premiere partie desdits Haultz Pretz, contenant sept coupes de terre à laboeur, tenant à la barriere en y entrans. Le pret à Host. Le camp de cinq rasieres nommé anchiennement le vivier à Poissons, tenant au courant du maret des Bietz. Pret de l'Hospital. Pret tenant aux cauques du seigneur et au Parqueau.

REMONSTRE ce compteur que la barcq de Marchiennes est obligée, venant de Douay, d'amener bagues ou quelque marchandise, s'il est besoing, appartenant au seigneur, jusque au chasteau, sans rien payer pour sa voiture.

A Son Exc. appartient les crettes de la ville, desquelles ne s'en tire aucun profit. Les crettes derriere le presbitaire ont été accordées au pasteur, en payant par an . . . . 6 gros.

AULTRE RECEPTE des bois dependant de Lallaing.

Contiennent en tout 81 bonniers, 16 verges moins, qui se coupent en onze ans, savoir: les Bas Bois, 21 bonniers et une coupe, le bois Mallet, 13 bonniers une coupe et 8 verges, le bois du Rietz, 14 bonniers 32 verges, les Loing Bois, 30 bonniers 40 verges.

Autre recepte pour les bois de rasps (1) coupés dans la taille des Loing Bois. — [*Lieux cités.*] La Longue Taille et le fossé du bois d'Anchin. Le bosquet de la Petite Regnardiere, tenant à la hayeure des Pauvres et au bosquet de Mʳ de Bouthigny. La

(1) Bois de « raspe », taillis.

hallottrie de Mont Mouchon. Au pont de Mr de Bouthigny. Le bosquet du Grand Fossé. La hallotrie depuis la Portelette jusque au pont Vaffin Ghellé.

Aultre recepte des bois monstant dite haulte futaye, dans ladite taille. — On n'a point abastu aulcuns arbres dans ladite taille, pour ladite taille avoir esté toute ruinée par les confiscataires (1).

Aultre recepte pour les bosquets qui se coupent à huit ans et les hallotries à six ans. — [*Lieux cités.*] Le bosquet du Fresnoy. Les deux bosquets de la Brictrie. Les bosquets de la Regnardiere au dela de la Freate, de la Sablonniere, dessoubs le Montcernu dit le bosqueau Boullé, du Petit Lasnoy des Bas Viviers, du Rietz, du Saulsois, Maignion Fiscelles, Robert de Lannoy, du mont de le Croix avec le bois qui est dans la fosse au Sablon. La hayeure du bois du Rietz. Le bosquet de la Petite Regnardiere. La hayeure du mont de le Croix. La hayeure de la Petite Regnardiere.

Renseignements des hallotries. — [*Lieux cités.*] Les hallotries du Mont Mouchon, le long du Bouchart jusque au maret de Pesquencourt, depuis le pont de la Foullerie jusque la maison Mr de Boutigny, du Fresnoy, depuis le pont de Piere jusque au maret de Sin, du Beau Maret, des Bas Viviers le long de le Bay, depuis le pont du mollin, depuis le pont Vaffin Ghuellé jusque aux Haults Pretz, de la portelette jusque au pont Vaffin Guellé, depuis le pont des

(1) Ceux qui avaient exploité les bois de Lalaing pendant la confiscation.

Marchands jusque au bois d'Anchin, depuis le pont
de Piere jusque à la maison M᷍ Senechal, depuis la
porte de le Barre, des viviers à Poissons et de la
Vielle Baye, des Bas Viviers du coté des Haults Pretz
jusque au Petit Lannoy le loing de la Vielle Bay, du
coté du Courant jusque à la Pasturelle, des Maltaultes, des Haults Pretz, du pret de l'Hospital, du jardin des Archiers, du loing les pastures de Predille (1)
sans hallot à cause des eaux, du loing les pretz des
Billes au loing le maret de Vred, jusqu'à la cense de
Predille, du pret Monsieur, au loing du maret des
Six-Villes.

Aultre recepte des droicts seignoriaux, loix et
amendes.

Comme cela touche le baillaige (2) ne s'en fait ici
recepte.—[*Apostille.*] En fut fait compte particulier.

Quand l'homme ou la femme vendra heritages,
doit être jugé par eschevins de Lallaing. En doibvent deux sols six deniers d'issue, excepté le fief de
Beaumaret qui ne doit ni taille ne formoture.

[Article 11 de la coutume de 1300 : « S'aulcuns
hommes ou femmes vent ce qu'il doit estre jugiés
par le jugement des eschevins de Lallaing, on doit
au signeur deux saulx et demi de blans pour l'issue
et autant pour l'entrée. Hors mis les pretz de Beau-

---

(1) Prédille, anciennement : les prés d'Ille, au territoire de Marchiennes, près du marais des Six-Villes, territoire de Flines.
Lalaing possédait une part du marais des Six-Villes, en vertu
de la charte du roi de France, de l'an 1367. *Preuves*, XVII *bis*.
(2) L'office du bailli.

maretz, de la Malletotte et les terres des courtilz de
Saincte Audegon (1) : de quoy chacune rasiere, se
on le vent et achate, ne doit que douze deniers blans
d'issue et douze blans d'entrée. Et sy ne doivent reliefz ne formorture ne taille. » — Interprétation de
l'an 1506 : « Pour entrée et yssue d'hiretaige, où
est dit payer deux solz et demy de blans, entendons
qu'il sera payé huyt solz d'entrée et huyt solz d'issue, monnoie courant en Haynnau. Et pour les pretz
de Beaumaretz, où est dit douze deniers blans, entendons treize deniers, monnoye dicte. »]

Item, si aucuns engaigent leurs heritaiges, ils
doibvent au seigneur deux solz six deniers de la
rasiere (2).

Item, que chacun peut vendre sa maison (3) en
telle maniere que l'achapteur doit douze deniers pour
l'entrée et douze deniers pour l'issue.

Item, que sy sulcun heritier allast de vie à trespas,
ses hoirs sont tenus payer cinq solz blans au seigneur,
de chacune rasiere (4).

Le tout apparant par la charte du lieu.

<hr />

(1) Le P. Triquet, dans la *Vie de saints Aldegonde* (Tournai, 1666, pet. in-4, pp. 117 et 120 de l'appendice) constate que
la patronne de Lalaing avait donné son nom à l'une des portes
du château, celle du côté de Douai, appelée : « la portelette de
sainte Aldegonde » et à des terres voisines de cette porte, nommées : « le courtiseau de sainte Aldegonde ».

(2) Art. 12 de la coutume.

(3) « Et son metz » ; art. 16.

(4) Art. 17 de la coutume ; interprétation : « Faisant mention
de reliefz, où est dit chincq solz de blans, sera payé, pour le relief,
de chascune rasiere vingt solz tournois, monnaye de Haynnau. »

Item, que pour la vente des heritages tenus de
Maubeuge, l'on doit 48 sols au seigneur, de la ra-
siere et service de cour, comme l'on use à Erchin et
Guesnain (1).

Quant aux 36 livres des escollieres (2) que le seigneur entretient au service de l'eglise, hipotecquées
sur diverses parties d'heritage audit Lallaing, le
recepveur de l'hospital en tient compte. — [*Apostille.*] A mon seigneur, par le receveur dudit hospital.

Au regard du revenu des graces de la riviere, de
deux patars à chacun batteau passant sur ladite riviere d'Escarpe à Lallaing, les festes et dimanche,
ont esté donnés par feu madame d'Arenberg à l'eglise
dudit Lallaing, pour avoir une lampe ardant jour et
nuict devant le venerable saint Sacrement (3) comme
appert par ses ordonnances (4).

Quant aux places du tapcul (5) et du chasteau, elles
sont à present ruinées, n'y restant pierres sur pierres.

_____

(1) Seigneuries appartenant au chapitre de Maubeuge.
(2) Cf. «l'escolle des filles », au commencement du compte.
(3) En 1518, le seigneur fonda en son église un salut du saint
Sacrement (archives comm. N° 112 de l'Inventaire).
(4) « A Lalaing, au lieu du bac, a été construit un pont qu'on
ouvre pour le passage des bateaux; il est entretenu par les habitans qui ne paient point de droits; mais le seigneur en exige des
étrangers. Il y a des jours de fête auxquels il n'est pas permis de
conduire des bateaux sans payer comme amende : et ce droit
d'amende a été abandonné par le seigneur à la confrerie du saint
Sacrement de l'eglise de Lalaing ».—Procès de l'an 1758 environ;
archives de la ville de Douai, Invent. analyt. Ms. I, p. 66.
. (5) Pont-levis.— Ruines provenant de la mine employée en 1674.

Et le petit jardin de devant, il est occupé par le braconnier (1) qui luy fut accordé en mars 1666.

AULTRE RECEPTE particuliere de sel qui se leve, de la part de Son Exc. pour vinaiges sur les batteaux passant sur la riviere dudit Lallaing. Néant.

TOTALE SOMME de recepte de Lallaing :

9238 livres 16 sols 10 deniers (2).

MISES ET PAYEMENS faicts par ce compteur sur la recepte cy devant.

Fondations pieuses. — A l'eglise Sainte Aldegond de Maubeuge, pour rente heritiere deue sur certain heritage à Lallaing, quy fut à ladite eglise et dont messire OTTE a prins à rente heritiere et à tousjours, en rendant, chacun an, au Noel et Saint Jean Baptiste, 27 francs françoys, qui vaillent, à monnoie de ce compte, deux xx^{es} deduicts, 37 livres 10 sols 6 deniers par an. Ici, pour trois années . . .

. . . . 112 livres 11 gros 6 deniers.

Au receveur de l'aumosne de Lalaing, pour rente de 40 gros que messire NICOLE (3) a donné à ladite aumosne, avec trois rasieres de bled converties en pain, qu'on distribue aux pauvres, le jour de son obit qui se dit le mercredy des advents (4).

---

(1) Valet de chiens, veneur.

(2) Suivent les recettes d'Ecaillon et de Bruille.

Le total général monte à 12515 livres 17 sols 3 deniers en argent et à 211 rasières une coupe de blé.

(3) Otte, selon le compte de 1684. Corrigé d'après le compte de l'aumône de Lalaing de 1545, folio 10.

(4) Confirmé en 1515 par le seigneur. — Archives comm. Numéro 109 ter. Il s'agit de Nicolas III, mort vers 1369, père d'Otte,

Audit, pour rente de 20 gros que messire OTTE
(1) a donné à ladite aumosne, avec aussi trois rasieres
de bled que l'on donne aux pauvres, le jour de son
obit.

Au curé de Lalaing, pour l'obit de messire NICOLE,
seigneur de Lallaing, parmy les chires qu'il est tenu
livrer, 18 gros. Aux chappellains (2) chacun 8 sols.
A l'eglise, 12 gros. Au clercq, 6 sols. Revenant ensemble . . . . 60 gros (3).

Audit curé, pour l'obit de messire OTTE et dame
Yolent de Barbenson, son epouse, qui se fait le 20ᵐᵉ
jour apres le Noel . . . . 36 gros.

Audit, pour l'obit de messire JOSSE, en son temps
chevalier de la toison d'or (4). . . . .

Au curé et clercq, pour avoir chanté les petits

---

(1) Josse, selon le compte de 1584. Corrigé d'après le compte de
l'aumône et la confirmation de 1515.

(2) Il y avait à Lalaing trois chapellenies: celles du Château,
de l'Hôpital et de Saint-Jean.

« L'église (dit le P. Triquet, pp. 24-25 de l'appendice à la *Vie
de sainte Aldegonde*) est belle et enrichie de très-beaux ornemens.
Outre le pasteur et le clerc, il y a encore trois chapelains et quatre enfans de chœur portans robes. On y chante l'office divin ny
plus ny moins qu'en une eglise collégiale ».

Il paraît que l'église actuelle, qui semble bien petite en présence de ces souvenirs et surtout à cause du grand nombre de
beaux monuments qu'elle contenait, a été diminuée du côté du
chœur, lors de l'élargissement de la route.

(3) C'est l'obit de Nicolas III, le curé devant fournir « le cire
en attacques pour offrir », le clerc « sonner et chanter », etc. —
Compte de l'aumône, folio 13.

(4) On le célébrait le 5 août, anniversaire de la mort glorieuse
de Josse devant Utrecht. Fondé par son fils. — Nᵒ 109 ter des
archives communales.

vespres de Notre Dame sur le soir, avec une collecte
en collaudation de la Vierge Marie et un *De Profundis*, en la chapelle des Arbaletriers (1). Fondé par le
seigneur conte CHARLES (2). . . . 12 livres.

Aux chapelains, leur ayant eté ordonné, par ledit
seigneur conte CHARLES, de se revestir, les jours des
quatre ataus (3) de l'année, les cinq festes de Nostre
Dame, le jour de may, la dedicasse (4) de l'eglise et
le jour de Saint André, pour service de diacre et soub
diacre, aux grand messe desdits jours. Ordonné à
chacun 20 gros. Ici pour deux (5). . . 40 sols.

Audit curé, pour avoir dit l'obit de messire
ANTHOINE, frere bastard dudit seigneur conte (6) qui
se dit le 26 novembre, 12 sols. Aux chapelains, chacun 2 sols (7) à 12 pauvres, chacun 1 sol, au clercq,
4 gros. Ensemble . . . . 32 gros.

Item, pour l'augmentation de gaiges de ce qu'ils
ont chanté lesdits obitz pendant l'an de ce compte .
. . . . 50 gros.

(1) Chapelle N.-D. des Arbalétriers en l'église de Lalaing.
(2) En 1515.
(3) « Nataux »: Noël, Pâques, Pentecôte et Toussaint.
(4) Il y a maintenant deux « ducasses », l'une, le quatrième
dimanche d'août et l'autre, le dimanche après la Toussaint.
En 1515, le seigneur ordonnait de célébrer « une feste et
ducasse en la chapelle de son chasteau, pour chanter vespres »,
la veille de la Conception, c'est-à-dire le 7 décembre.
(5) Le troisième chapelain était payé par l'aumône: « Au chappellain de l'Hospital, pour ses gaiges, ordonnes par mon seigneur,
à tenir cœur en chappe, les jours solempnels, en l'eglise dudit
Lalaing: 20 sols. » — Compte de l'aumône, 1545, folio 15.
(6) Voir 2e branche, XII A.
(7) Pour deux chapelains seulement.

Au clercq paroissial, pour une année de ses gaiges, y compris 40 sols pour les pardons sonnés trois fois le jour (1) . . . . 52 livres.

Au recepveur de l'eglise, pour rente heritiere deue sur cinq coupes de terre es Loyers, appartenant à Son Excellence. . . . . 10 gros.

Item, audit, pour fraincte des chirons qui se consument sur l'autel et à l'entour des representations (2) desdits seigneurs et dames. . . . 15 gros.

Audit, pour rente due à ladite eglise sur 6 coupes d'heritage à bosquet, tenant au Bas Bois. 24 gros.

Soit memoire que la communaulté de Lalaing doit faire dire un obit pour le seigneur comte CHARLES et dame *Jacqueline de Luxembourg* (3) sa compagne,

(1) En 1506, convenant avec ses sujets de Lalaing d'abolir la banalité du four, le seigneur stipule aussi que : « serons tenus », dit-il, « deschergier tous nos subgets, manans, habitans, mesnagiers, vesves et non vesves , de quatre sols par an pour payer le clercq paroischial, lequel sera par nous esleu et mis, pour servir l'eglise et le commun souffisament et comme les clercqs voisins sont acoustumez de servir eglise paroischiales et le comun peuple ».

Dans le compte de l'aumône, 1545, folio 15, on lit cet article de dépense. «Au clercq paroischial, pour ses gaiges de la moittié du menage de l'orloge, allencontre de la ville, par ordonnance de mon seigneur: 60 sols. »

L'aumône devait en outre à la « clergie » de Lalaing, « apparant par lettres estans au ferme », une rente de trois rasières de blé.

(2) Les tombes. — En 1416, le seigneur Otte demandait, pour son obit, « deux chierges, à mettre sur le tombe, au kief et au piet ». Archives comm. No 91 de l'Inventaire.

(3) D'après le compte: « dame de Barbenson ». Corrigé avec l'acte de 1515; No 109 ter de l'Inventaire.

auquel obit les gens de loi doivent assister, le 2ª de l'an.—Ce qui a été fait cette année 1684.

Ce compteur declare qu'il n'a payé les douze livres pour l'obit du seigneur comte CHARLES, faulte d'ordonnance.

Au receveur de l'hospital de Lalaing (1) pour une année de rente de 42 gros due sur six coupes de pretz à Son Excellence, dit le pret de l'Hospital, tenant au maret des Bietz enclavéz dans les Haults Pretz.

Au chapelain de l'hospital de Lalaing, pour avoir celebré les messes du cantuaire des feus seigneurs et dames du lieu. . . . . . . 16 livres 12 gros.

[*Apostille.*] Rayé, faulte de quittance et acte du pasteur, qu'il decharge effectivement les messes à Lallaing.

Au connestable des arbaletriers de Lallaing, pour rente que le seigneur conte CHARLES a ordonné à ladite confrairie de recevoir sur la taille de Saint Remy (2). . . . . 10 livres.

---

(1) L'hôtel-Dieu et hôpital de Saint-Antoine avait été fondé, disait-on, au XIIIᵉ siècle par le seigneur Nicolas II.

(2) Cf. l'art. 39 de la coutume de 1800, l'interprétation de 1506 et la recette du présent compte.

Nous possédons un compte de la confrérie de N.-D. « au jeu de l'erbalestre », présenté par le connétable au seigneur, ainsi qu'au roi et aux confrères, pour 1656-1660. Parmi les revenus, la rente donnée, le 21 juillet 1547, par le comte Charles II, ne figure que pour 9 livres, payables à la Saint-Remy.

Le « jardin de Nostre-Dame de l'oiselet » était alors loué à un particulier, « à cause des guerres ».

A la ville et communauté de Lalaing, pour rente
sur une partie du jardin du chasteau . . 6 gros.

[*Apostille.*] Rayé, comme es comptes precedents.

Aux couvent et religieux de l'abbaye de Marchiennes, pour rente sur les pretz nommés les Billes et
Bonnieres . . . . 37 livres 8 sols.

AUTRES MISES. — A M^r le baron de Rieulay, pour
une année de rente que ledit seigneur doibt au Roy
à cause de sa terre d'Aniche, sur les pretz d'Escaillon
incorporés au gros du fief de Lalaing. Laquelle terre
ledit seigneur (1) tient par engaigement. Escheante
ladite rente au jour de Pasques . . . . .
. . . . 25 livres 3 gros 10 deniers.

AUTRES MISES pour gages des officiers et sergeans.

A ce compteur, pour une année de gaiges en qualité de bailly de la terre et conté de Lalaing . . .
. . . . 300 livres.

Item, en la mesme qualité, au lieu d'un chesne
que l'on souloit lui donner, à la passe (2) des bois .
. . . . 30 livres.

Item, 50 rasieres d'avoine, à 45 patars. 225 liv.

Audit, pour avoir exercé la presente recepte, à
l'advenant du 20e denier de la portance d'icelle.
. . . . 580 livres.

Item, à lui, en qualité de recepveur, au lieu
d'un chesne qu'il souloit avoir, à la marcq des bois.
. . . . 20 livres.

(1) Le baron de Rieulay tenait la terre d'Aniche en engagement
domanial.

(2) Adjudication.

8

Item, en la mesme qualité, pour la recepte en bled. . . . . vj rasieres.

Pour fraincte de la recepte en bled, à l'advenant de 4 rasieres du cent. . . . . . v rasieres.

Au greffier, pour gages, 12 livres et pour un chesne, 17 livres. Au lieu d'un fresne, 5 livres. Ensemble . . . . 34 livres.

A lui, à cause de ladite greffe. 6 rasieres de bled.

Deux sergeans et gardes des bois de Lalaing, chacun à 160 livres de gaiges.

Aux gens de loy de Lallaing, pour advancement de la despence quy se faict, chacun an, le premier jour de l'an , au renouvellement de la loy (1). . . . . 15 livres.

Au greffier, pour avoir escript ce present compte contenant cent feuillets, à 6 gros chacun, comprins le double. . . . . 30 livres.

Pour divers ports de lettres à Bruxelles, Enghin, Mons, Vallenchiennes (2) et autres lieux. 12 livres.

A l'auditeur dudit compte. . . . 24 livres.

Pour les appostilles . . . . . 8 livres.

AULTRES MISES pour argent payé par ordre de Son Exc. aux rentes hipotecquées sur la comté de Lallaing.—Au comte de Hornes, au prince de Robecq, à la vertueuse mère des carmelittes de Douay, etc. . . . . 12 527 livres.

---

(1) « En me ville doivent estre sept eschevins, lesquelz on doit, chascun an, remuer au jour de lan reneufz »; art. 2 de la coutume de 1300. Cf. l'interprétation de 1506.

(2) Résidences du duc d'Arenberg et de ses principaux agents.

Aultres mises pour voïages des commis et aultres, de la part de Son Exc. pour les passemens (1) des bois et aultrement.

Payé à monsieur De Corte (2) commis de la part de madame la ducesse d'Arrenbergh, pour quatre journées employées à la vente des bois de rasps de Lallaing, le 22 novembre 1684. . . . 40 livres.

Somme desdites mises [avec d'autres articles]. .

. . . . 112 livres 18 sols.

Aultres mises pour divers desboursés faicts par ordre de Son Excellence.

A *Nicollas Fournier*, maistre couvreur d'escailles (3) demeurant en la ville de Pesquencourt, 8 livres 15 gros, pour avoir recouvert sur le cœur et chappelle (4) de l'eglise de Lallaing, au mois de novembre 1684.

Aultres mises pour moderations faictes aux fermiers.

Au censier de Son Exc. à Lallaing, un tiers de son rendage.

Au fermier du camp des Loups et de la Justice.

Au fermier du terrage.

Au fermier du mollin, pour avoir relevé le courant de le Baye donnant au mollin.

Aultres mises pour refection et relevement des

(1) Adjudications.
(2) L'avocat De Corte, auditeur du présent compte.
(3) Ardoises.
(4) Parties de l'édifice religieux dont l'entretien incombait au seigneur.

courants de ladite comté, par ordre de Monsʳ de Wadripont.

AULTRES MISES.

A Monsʳ Lucquas, marchand de draps, de la ville de Douay, 55 florins 19 patars, pour douze aulnes de drap verd, à 3 florins 12 patars l'aulne et dix aulnes de baye, à 18 patars l'aulne et une once de soye de 16 patars et six douzaines de boutons, à 5 patars et demie la douzaine. Faisant 111 livres 18 gros. Pour faire trois casacques aux trois sergeants de ladite comté. Compris trois aulnes de toille, à 10 patars l'aulne.

A *Dominicque Perdrix*, maistre vitrier, de la ville de Douay, pour avoir racomodé les vitres du cœur et des chappelles de l'eglise : 13 livres 13 gros.

Totale somme des mises en argent. . . . .
. . . . 16 335 livres 1 sol 9 deniers.
Et la recepte porte : 12 515 livres 17 sols 3 deniers.
Est dû au compteur : 3819 livres 4 sols 6 deniers.
Totale somme des mises en bled : 93 rasieres, etc.
Et la recepte porte. . . . 211 rasieres, etc.
Doit le compteur . . . . 117 rasieres, etc.

Lequel grain ayant été vendu à Douay, à 10 livres 2 sols la rasiere, porte : 190 livres 5 sols 3 deniers.

Lesquels deduits du boni en argent ci devant, reste seulement dû au compteur en argent. . . . .
. . . . 2628 livres 19 sols 3 deniers.

Ce boni est porté au compte suivant.

Présenté ce compte par le compteur à Son Exc. le duc d'Arenberg et d'Arschot, comte de Lallaing, etc.

à l'intervention de l'advocat De Corte, à Lallaing, le
12 mars 1685.
[*Signé.*] DE CORTE. F. MARMUSE.

Archives du greffe de la cour d'appel de Douai,
fonds du parlement de Flandres, registre en
papier.

XXXI.

*Dénombrement baillé par le duc d'Arenberg pour
ses terres de Lalaing, d'Ecaillon et de Bruille,
tenues du Roi à cause de son pays de Hainaut
(extraits). — 1727, 1ᵉʳ mars.*

Rapport et dénombrement qu'à très haut, très
puissant, très illustre et très excellent prince, *Louis*
quinze du nom, roy de France et de Navarre, fait et
rend *Leopold Philippe Charles Joseph*, duc d'Arem-
berg, duc d'Arscotte et de Croy, prince du Saint
Empire romain, prince de Porcean et de Rebecq,
marquis de Montcornet, comte de Lallaing......
chevalier de l'ordre de la toison d'or, grand d'Es-
paigne de la première classe, général d'artillerie des
armées de sa majesté impériale et catholique et son
chambellan, colonel d'un régiment d'infanterie alle-
mand, conseiller du conseil d'Etat au gouvernement
des Pays Bas, gouverneur et capitaine général, grand
bailly et officier souverain du pays et comté d'Haynaut,
etc. — de son comté de Lallaing, appendances et
dépendances, scitué en Ostrevant, tenu en fief lige

de sa majesté tres chrestienne, à cause de son pays
et comté d'Haynaut, se consistant en trois villages à
clocher, tels que Lallaing, Bruille et Ecaillon.

A luy escheu par le trépas de *Phlippes Charles
Francois* de Croy, duc d'Arenberghe, d'Arschot,
prince de Porcian et de Rebecq, etc. son père,
arrivé (1).

[*Lalaing*.]

Scavoir, ledit Lallaing en particulier, en un chateau, donjon et bascourt ruinez, n'y restant existant
qu'un petit corps de battiment et quelque écuries,
environnez de fossez, renfermez d'un cotté par le
coullant du Bouchart, avec deux petits jardins en
dépendant, contenant, parmy l'enclos dudit chateau,
six rasières de terre.

Et pardessus ce, le jardin des Vignes, contenant
trois rasières de terres labourables, compris les
fossez d'allentour, qui est aussy annexé audit chateau.

36 rasières, nommées les Hauts-Prets, environnez
et couppez de plussieurs fossez.

4 rasières en labour.

Bois de 81 bonniers, seize verges moins, divisez
en unze tailles : Bas-Bois, bois Mallet, du Ries,
Longs-Bois, etc.

(1) Date restée en blanc.
Le duc d'Arenberg, Philippe-Charles-François, était mort en 1691.

57 rasières de mauvaises prairies, vulgairement nommées les Arbenneriez et Bas-Viviers.

Item, en trois autres petits prets, nommés le pret du Cigne, de l'Hospital et pret Monsieur.

Item, en cent et neuf rasières de très mauvais prets, bassières et tourberies, nommées les Malthottes de Lallaing, presque toutes infructueuses.

Item, en toutte justice haute, moienne et basse.

Droit de courouées, tel que, de chaque charrue et habitant dudit Lallaing, trois journées, tous les ans.

Droit de pontenage et vinage sur toutes les marchandises et denrées passant sur la rivière d'Escarpe audit Lallaing.

Terrage sur 63 rasières, tel que de huit du cent.

Item, en droit de chasse, franche garenne, paicherie, vollerie, de grand louvier, avec pouvoir aux chasseurs dudit seigneur duc de prendre un mouton à chaque loup qu'ils prennent, soit avec fillets ou autrement et cela alternativement aux trouppeaux qui hebergent dans l'enceinte de deux lieues à la ronde, à la réserve de ceux des Six-Villes, dont les habitans se sont rachettés dudit droit, moyennant six patars par chaque communauté, pour chaque loup qui se prennent aux chasses qui se font audit Lallaing.

Item, en un ancien rachapt de four à ban, de dix sols à chaque chef de famille, payables au jour de Noel de chaque année.

Item, en un petit moulin à eau, avec une maison

et demeure pour le meunier, auquel moulin tous les habitans de Lallaing sont banniers.

Droit de conférer quattre bénéfices, scavoir : trois en l'église de Lallaing et un en l'église d'Ecaillon, tels que la chapelle castralle, de Saint-Jean, de Saint-Gain [Sainghin] et de Sainte-Barbe audit Ecaillon. Et en la collation de l'office de la chapelle et hospital de Saint-Antoine, scitué audit Lallaing, rue du Pont de l'Escarpe.

Les crettes d'allentour de la ville dudit Lallaing, comme aussy les crettes derrière le Presbitaire.

Item et finalement, consiste ledit comté en un droit de relief et droiture sur toutes les terres relevant de la petite seigneurie de Maubeuge, desquels héritages est deu relief de vingt quattre patars de la rasière, toutes les fois qu'elles changent de main.

Rentes seigneuriales. [Le détail des rentes, tant celles de Lalaing, que celles d'Ecaillon et de Bruille, occupe les folios 14 à 188 du registre.]

[Ecaillon.]

Lequel comté et pairie de Lallaing consiste encore en la terre et seigneurie d'Ecaillon en Ostrevant, se consistant en 175 rasières, une coupe et un quarel de terres, tant en labour, qu'à pairies et patures.

6 rasières nommées le Cattillon.

Rentes.

Petit moulin à eau, avec deux petits jardins y tenant, contenant deux coupes et un quarel et quatre rasières de prairies, que le meunier occupe.

2 rasières de prés nommées le pré de la fontaine au Bouillon, ladite fontaine étant au milieu.

3 bosquets contenant quinze rasières.

Justice haute, etc. à l'exclusion de tous autres, sauf sur un petit enclavement d'Artois.

Terrage sur 49 rasières et 2 coupes, tel que, du cent de jarbes, neuf.

Droit de courouée, deux jours chaque habitant.

Le rouissoir dudit Ecaillon, scitué le long de la rue du Poncheau.

Item, en un droit de représentation de tous les propriétaires des fonds tenus et mouvans de la seigneurie d'Ecaillon, une fois tous les ans, pardevant les mayeur et eschevins dudit lieu : ce qui est appellé plaids généraux. Soubs paine de saisie de leurs fonds.

[Bruille.]

Terre, seigneurie et village de Bruille en Ostrevant, avec toute justice haute, etc. rentes, etc.

Terrage sur 119 rasières, ici de neuf jarbes du cent et ailleurs, de quattre et demy du cent, pour demy terrage.

Deux héritages, de six coupes chaque.

Petit bosquet, nommé la Haye de Bruille, contenant dix rasières.

Très mauvaises patures, nommés les six bonniers d'Hattemont.

[*Hommages.*]

Le sieur *Hubert Desmolin*, à cause de N....
Roussel, son épouse, tient le fief de Beaumaret, à
Lalaing, consistant en dix-huit rasières de terres en
labour et en prairie, tenant à la rivière d'Escarpe et
au courant du Tordoir.

[Le « riés de Bielmarés, ki siet d'une part et d'autre li Bouschart », est cité en 1242 comme tout
« cuites l'abé et l'église d'Anchin, à faire leur
volenté ». Voir ci-dessus, X.

Les « pretz de Beaumaretz » sont mentionnés
dans la coutume de l'an 1300. Quand on les vend,
de chaque rasière on doit douze deniers blancs
d'issue et autant d'entrée. « Et sy ne doivent reliefz,
ne formorture, ne taille ». Le compte de 1684
(numéro précédent) répète que le « fief de Beaumaret
ne doit ni taille, ni formoture ».

Devant maïeur et échevins de Pecquencourt,
l'abbaye d'Anchin ayant arrenté perpétuellement
sa maison de Biaumarès, située entre Lalaing et le
Pont-à-Raisse, un acte du 28 mars 1472, reçu par le
maïeur et des échevins de la « ville » de Lalaing,
stipule une garantie sur cinq coupes de prés, en
l'échevinage de Lalaing, tenant au Boussart et aux
prés des Arsins et qui dépendent de ladite maison.
— Chirographe dans le fonds d'Anchin.

Dans le compte de 1684 (voir le numéro précédent)
figure une rente sur la brasserie banale « esclissée »

du fief de Beaumaret, tenant au Bouchart et au ci-
metière.]

A Lalaing, une maison tenant à la porte de la
Barre et au courant del Baix, allant au moulin de
Lalaing, avec douze rasières de terres en plusieurs
pièces, à labour, prairies et bois.

[C'est le fief du Montcornu, dont dépendaient
(d'après le compte de 1684) les murailles de la tour
de la Barre.

En 1520 et 1522, Nicolas du Montcornu était
fieffé de Lalaing.

En 1545, le fief était à la veuve d'Adrien de Mail-
ly.—Compte de l'aumône]

Philippe Florent Marmuse, demeurant à Lalaing,
tient un fief se consistant en une maison et hottelerie
du Cigne, contenant deux couppes de terre, à charge
de tenir cabaret et avoir furniture de quatre lits au
moins, soubs paine d'estre privé de ladite maison,
tenant à la maison de ville et vis à vis le chatteau.
Étant à nostre choix de la reprendre par prisée, à la
mort de l'héritier.

[Le fief de l'Auberge ou du Cygne est mentionné
dans le compte de 1684. Alors il était à Florent
Marmuse (le bailli, sans doute) au lieu de Mathias.]

Le sieur chanoine de La Croix, demeurant à Douay,
tient le fief des Quesnes, consistant en deux rasières
de terres tenant à l'écluse du Bouchart, allant à Pecquencourt.

[Les fiefs ci-dessus devaient pour relief chacun
soixante sols blancs.]

A Lalaing, vis à vis l'hospital St Antoine, un fief à une paire de gans blans de relief, se consistant en une couppe de terres entourée de fossez.

Un fief à dix sols de relief, consistant en une maison sortie de four à ban et devant, pour anciennes rentes, une pouille et un chapon, pour reconnoissance.

[Le fief du Four-à-Ban est mentionné dans le compte de 1684.]

Le sieur des Fontaines de Quilipont, bailly et receveur de Lallaing, tient le fief de Cordes, à 60 sols de relief, se consistant en une maison avec dix rasières en labour, prairies, bosquet et aulnois, tenant à la rivière d'Escarpe, au courant du Tordoir et à la rue du Pont.

[Le 26 juillet 1511, le seigneur fait « crier », à la tenir en fief « pour augmentation de sa baronnie », une maison avec jardin et « entrepresure, eauwes », fossés et « montées », contenant trois rasières, sur « le cauchie » allant au « bacq » et tenant à l'hôpital, *alias* : tenant « du long le rivière d'Escarp et aboutant à froncq de rue allant au bacq au sabelon ». Ce bien, qui devait une rente de 122 livres à l'hôpital, fut alors acheté par Jean de Cordes dit de La Chapelle.—Numéro 108 de l'inventaire des archives communales.

L'acquéreur, bailli de Lelaing, est le compilateur du manuscrit héraldique de la bibliothèque nationale, français 5 229.— Voir *Souvenirs de la Flandre wallonne*, 1° série, XVII, page 123.

Le fief de Cordes, « compris aulcunes parties de
main ferme incorporées », est mentionné dans le
compte de 1684. Il était alors aux hoirs de Théodore
de Le Fœuille.]

Item, le fief Joncquet, à Lalaing, se consistant en
six coupes de terres, au relief de 60 sols.

Item, un autre fief à 60 sols de relief et chargé
annuellement d'une couple de pigeons et de 18 livres
2 sols 2 deniers de rente, se consistant en une belle
maison, grange, écuries et un pigeonnier, avec sept
rasières et deux coupes de terres, tenant au courant
du Bouchart.

Le sieur de Pronville, écuier, seigneur d'Espy,
tient le fief de La Croix, à Ecaillon, à 60 sols blancs
de relief, se consistant en plusieurs pièces de terre.

[Aux archives communales de Lalaing il y a un
récépissé de relief et un dénombrement du 3 avril
1702, pour le fief que tenait messire Jean-Charles-
Dominique de Pronville, chevalier, seigneur de Hau-
court, demeurant en son château à Escaillon, dont le
contrat de mariage avec Catherine-Claire *de* Morel
était du 17 janvier 1698 ; ledit fief ayant été, « du
passé, à usage de vivier, proche le chasteau ».

En 1726, Michel-Anselme des Fontaines, seigneur
de Quélipont et de La Barre, secrétaire du Roi en la
chancellerie près le parlement de Flandres, achetait
le fief de La Croix, à Ecaillon, mouvant de Lalaing,
ainsi que celui du Château d'Ecaillon, tenu du chapitre de Saint-Amé de Douai. Sa descendance possédait ces deux fiefs en 1789 (1).]

(1) Communication de feu M. le comte d'Esclaibes.

Ledit de Pronville tenait en outre, à Ecaillon, le fief des Crétinois, consistant en six rasières tenant au courant du Moulin.

[On trouve dans le récépissé du bureau des finances de Lille, ajouté, le 10 août 1728, au dénombrement de Lalaing, cette réserve que « la déclaration faite du fief des Crétinois à Escaillon, comme estant de la mouvance de la terre de Lallaing, ne portera aucun préjudice au Roy pour la mouvance du fief de la Motte des Crétinois en Escaillon, appartenant à sa majesté ».]

Nicolas-Joseph Rasoir, écuyer, seigneur de Forest, etc. tient à Ecaillon un fief de 62 rasières et deux coupes en labour et prairies.

[Aux archives communales de Lalaing repose une déclaration de l'an 1692, signée « Rasoir de Forest », cachetée aux armes (trois flèches ou rasoirs posés en bande) et fournie par « nous messire Nicolas Joseph Rasoir, escuier, seigneur de Forest, Croix, capitaine au régiment de Sorre, fils de messire Jan François Ignace Rasoir, vivant chevalier, seigneur de Forest, Croix, anchien prévost de la ville de Vallenciennes », mort le 5 mars 1691, pour un fief à Escaillon, de 55 rasières de terres et de sept rasières et demie de prés.]

A Villers-au-Tertre, un fief de douzè rasières de terres, avec rentes et justice.

[Celui qui, vers 1503, était tenu par Charles de Houchin. *Preuves*, XIX bis.]

Le chapitre de Saint-Pierre de Douay tient à

Erchin un fief de treize rasières, deux coupes et dix-neuf verges, en diverses pièces (1).

Marie-Jeanne d'Auby, veuve du sieur *Ignace Desprets*, seigneur de Quéant et consors tiennent un fief à Monchicourt, consistant en 81 rasières et une coupe de terres, avec une maison.

[Aux archives communales de Lalaing il y a un dénombrement du 15 février 1698, signé « Charles d'Auby de l'Argery », scellé aux armes (coupé à trois roses, l'écu timbré d'un heaume) et baillé par « Charles d'Ohy, escuier, seigneur de La Hargerie et damoiselle Marie Catherinne Cordouan », sa femme, demeurant à Douai, pour le fief « liege » mouvant de Lalaing, consistant en maison, « cense », 81 rasières et rentes à Monchecourt, devant le cinquième denier, à la vente et, à la mort, cheval et armes, d'un revenu de 124 rasières de blé, dont le relief avait été servi le 27 janvier précédent et qu'ils avaient acquis de Jacques-Albert Le Dru, capitaine réformé et d'Anne Houdart, sa femme, demeurant à Valenciennes.

Vers 1503 ce fief était tenu par le seigneur de Warlus. *Preuves*, XIX bis.]

Le sieur *Gérosme Venant*, écuier, seigneur d'Ivergny, demeurant à Arleux en Palluel, tient, à 60 sols de relief, un fief de 53 rasières de terres à Arleux.

[A Cantin, il y eut, paraît-il, un fief lige mouvant de Lalaing, au relief de 60 sols blancs et le « tierche

---

(1) Le fief avait été amorti. Cf. le numéro précédent.

cambelaige », consistant en une maison » enclose de murs de grès et de terre, haboutant d'un lez au chemin de Cantin à Arleux et Fléquiers, par derrière aux terres des champs et se va tout du long monnant de la porte sur une rue qui wide sur les champs, ouquel enclos y sont edifflez une maison manable, grange, mareschauchies et une porte et, au millieu de la court, y solloit avoir ung coulombier et autres édifices », le tout, avec les terres, faisant 80 rasières et deux coupes, plus, « en terres cottières », 24 rasières et deux coupes.

Ce fief, qui dépendait de la confiscation de Jean Commelin, exécuté « pour raison des troubles passés », était ambitionné vers 1571 par le comte de Lalaing, qui offrait au domaine de l'acquérir. — Archives départementales, chambre des comptes, portefeuille ancien D 388 ; projet de vente par le domaine, sous le nom de Philippe II : « De la part de nostre amé et féal, Phlippe, comte de Lalaing, euist esté remonstré à nostre très chier et très amé cousin », etc. le duc d'Albe, etc. avec des notes relatives à l'affaire.]

A Wasnes-au-Bacq, plusieurs fiefs consistant en parcelles de terres, sur lesquels le seigneur a justice haute, etc.

Le dénombrement, fait par les soins de Martin Deschamps, lieutenant bailli dudit comté, est signé : « Deschamps, 1727 » et scellé d'un sceau plaqué en cire rouge qui est le « seel aux causes dudit Lal-

laing », armorial, timbré d'une couronne de comte
et portant au bas, sur une bande, le mot « LALAING »,
d'une facture du XVIᵉ siècle.

Archives départementales du Nord, bureau des finances de Lille, portefeuille C 156; registre en parchemin, in-4, 214 feuillets numérotés.

Il est à remarquer que, dans le récépissé du 10
août 1728, écrit à la suite du dénombrement, les
titres de comté et de comte de Lalaing ne sont attri-
bués par le bureau des finances ni à la terre, ni au
dénombrant, le duc d'Arenberg.

C'est qu'en effet, étant sortie de la droite ligne par
la vente du 26 mars 1683 (1) la seigneurie érigée en
dignité l'an 1522 devait, d'après les règles du droit
nobiliaire, redescendre au rang ordinaire, à moins
toutefois que les lettres d'érection (voir numéro
XXIV bis) n'en eussent expressément disposé d'autre
sorte, ou que le prince n'eût accordé à l'acquéreur ou
à ses ayants cause des lettres de confirmation.

(1) Brassart, *Notice Lalaing*, Douai, 1847, in-8, p. 50.

9.

Une troisième et dernière partie contiendra les tables.

DOUAI.—IMPRIMERIE L. CRÉPIN.

www.ingramcontent.com/pod-product-compliance
Lightning Source LLC
Chambersburg PA
CBHW071227290326
41931CB00037B/2321